JOURNAL

DE

Sᵀ-CLOUD A CHERBOURG.

PARIS. — IMPRIMERIE DE AUGUSTE MIE,
Rue Joquelet, n° 9, Place de la Bourse.

JOURNAL

DE S^T-CLOUD

A CHERBOURG,

OU

RÉCIT DE CE QUI S'EST PASSÉ A LA SUITE DU ROI
CHARLES X, DU 26 JUILLET AU 16 AOUT 1830.

Par M. Théodore Anne,

Ex-Garde-du-Corps de la compagnie de Noailles.

PARIS.
URBAIN CANEL, LIBRAIRE,
RUE J.-J. ROUSSEAU, N° 16.
LADVOCAT, LIBRAIRE, PALAIS-ROYAL.

1830

AVANT-PROPOS.

En trois jours une révolution a été faite; et Charles X, précipité du haut de son trône, vient, pour la troisième fois, d'être condamné à l'exil. Acteur obscur dans ces événemens mémorables, ou plutôt spectateur, témoin de cette lutte sanglante, à laquelle heureusement je n'ai point participé, je viens raconter ce que l'on ignore encore à Paris, ce qui s'est passé à la suite du roi, depuis le jour fatal où les ordonnances ont paru, jusqu'au moment pénible où mes yeux ont vu les voiles américaines se déployer et emporter encore une fois, vers les côtes d'Angleterre, un prince trompé par d'exécrables ministres, mais innocent du mal qui a été commis en son nom. Dans ce que je rapporte, il n'y a rien que de vrai; tous les faits cités ont réellement existé, tous les bruits recueillis ont circulé. Si dans notre pénible voyage les correspondans des départemens ont souvent induit en erreur les rédacteurs des feuilles de Paris, tronqué la vérité, et présenté notre position sous un faux jour, on verra, par la lecture de ce Journal, qu'on ne nous a pas davantage épargné les mauvaises nouvelles. Chaque jour c'était un nouveau bruit qui succédait à celui de la veille, toujours plus triste, plus affreux que le premier. On eût dit qu'on se faisait un malin plaisir de nous torturer l'âme, en nous montrant sans cesse Paris en feu, à nous qui la plupart y avions nos familles; nos familles, dont le silence forcé, depuis le commencement de cette lutte terrible, nous causait tant d'inquiétudes, et dont nous nous éloignions plus encore de jour en jour, sans connaître l'itinéraire tracé pour notre voyage, et sans pouvoir ainsi prévoir le terme de nos maux. La fidélité, le dévouement de la maison militaire n'ont point manqué à Charles X. Il n'en a pas été de même de la maison civile : pourquoi? la raison en est toute naturelle: lorsqu'en 1814 le roi vint en France, il trouva les anciennes familles en général peu fortunées; pauvres encore en 1815, elles firent acte de fidélité; mais de 1815 à 1830, les gros gages, les pensions sur la liste civile, les traitemens militaires ou administratifs, la loi de l'indemnité, avaient rendu à ces vieux noms une partie de leur vieil éclat; riches aujourd'hui, ils ont voulu conserver, s'appuyant de l'exemple des maréchaux de Napoléon, à qui leurs grandes fortunes avaient fait perdre, en 1814, l'envie de continuer à risquer leurs têtes. En fait de courtisans, prenez-les au temps de Charles IX, de Louis XIV, de Louis XV, de Napoléon ou de Charles X, c'est toujours la même bassesse, la même platitude; un habit brodé, un lever le matin, l'honneur de porter le soir le bougeoir du roi, un gros traitement et des croix à profusion pour eux et pour leurs enfans, voilà tout ce qu'ils demandent : après cela, que leur fait le nom du roi? Flatteurs sous l'un, flatteurs sous l'autre, pourvu que l'antichambre reste la même, peu leur importe la couleur du drapeau; à genoux devant celui de Fontenoy, ils le répudieront pour celui de Jemmapes dès que les circonstances le voudront : du petit au grand, c'est la même conduite. Les premiers qui aient porté, à Paris, le ruban tricolore, ne sont pas ceux qui se sont battus pour le reconquérir; au feu, on ne songe qu'à tuer et à éviter d'être tué, si l'on peut. Ce n'est qu'après la victoire qu'on en arbore les couleurs, aussi ai-je été peu surpris d'apprendre que de zélés absolutistes en avaient les premiers orné leurs boutonnières. Au mois de septembre 1829, on agita, dans le conseil de la compagnie à laquelle j'appartenais, la question de savoir si l'on me mettrait en non-activité sans solde, comme partisan du ministère de M. de Martignac, et comme ennemi juré du ministère Polignac. On verra à quelle époque mon capitaine, M. le duc de Mouchy, a pris la cocarde nationale, et à quel moment je me suis trouvé rentrer sous les ordres du nouveau gouvernement. Il est vrai qu'il touchait 60,000 fr. par an, et moi 1200; notre fidélité a été en sens inverse des appointemens.

Lorsque les événemens ont éclaté, j'allais bientôt passer garde de 2ᵉ classe (lieutenant); sans intrigue, sans ambition, et trop constitutionnel pour être nommé *à la faveur*, j'attendais mon tour de droit; maintenant quand arrivera-t-il?... Quoi qu'il en soit, je ne me plains pas; tranquille au sein de mes foyers, je ne demande que la permission de me livrer paisiblement à quelques travaux littéraires. Citoyen soumis, après avoir été soldat dévoué, je prêterai sans restriction le serment que la loi va me demander. Si l'étranger attaque mon pays, j'offrirai mon bras au roi ; et s'il daigne agréer mes services, je lui donnerai ma fidélité passée pour garantie de ma fidélité future. Les serviteurs de Charles X qui pourraient lui tenir le même langage sont en bien petit nombre.

JOURNAL

DE

St-CLOUD A CHERBOURG.

26 JUILLET.

Les ordonnances fatales qui ont amené en trois jours la ruine du trône, et jeté de nouveau sur la terre de l'exil une famille malheureuse, ces ordonnances, dis-je, parurent dans le *Moniteur* de ce jour. A la cour, les opinions étaient divisées. Les exaltés, ces gens gorgés d'or, d'honneurs, de pensions, qui au premier coup de fusil ont abandonné leur maître, chantaient victoire, et disaient qu'il n'était roi que de ce jour-là, qu'il avait ressaisi son sceptre, que le temps des concessions était passé, et que celui d'apprendre au peuple quels étaient les droits de son souverain était enfin arrivé. Les gens sages gémissaient de ces fanfaronnades : ils plaignaient le roi, qu'ils servaient et aimaient de cœur, d'être entraîné ainsi dans l'abîme par des ministres coupables, car ils prévoyaient le résultat de cette tentative criminelle ; seulement ils ne croyaient pas qu'il serait aussi prompt. Depuis long-temps M. de Polignac avait une physionomie soucieuse : chaque fois qu'il entrait dans le cabinet du roi ou qu'il en sortait, il cherchait en vain à déguiser le mécontentement ou l'inquiétude qui l'agitait : on eût dit qu'il trouvait dans Charles X une opposition qui le déconcertait. Mais le dimanche 25, à l'issue du conseil, toutes les figures des ministres étaient rayonnantes ; jamais M. de Peyronnet n'avait paru plus content de lui-même ; jamais M. de Polignac n'avait eu encore cet air si complétement satisfait : j'excepte toutefois le jour où il renversa le ministère Martignac, et saisit enfin le portefeuille après lequel il soupirait depuis si long-temps. Le lundi 26, à neuf heures du matin, le roi partit pour aller chasser à Rambouillet. J'escortai Sa Majesté jusqu'à Saint-Cyr : ce fut sa dernière chasse. Lorsque nous nous mîmes en bataille devant la salle des généraux, un peu avant que Charles X ne montât en voiture, un garde vint à moi et me dit : « Eh bien ! mon cher « ami, vous et les vôtres vous êtes enfoncés. » (On me faisait alors l'honneur de me prendre pour un jacobin : c'était le mot reçu.) « Les ordon- « nances ont paru, ajouta-t-il ; la chambre est « dissoute, et la loi des élections modifiée. — « Tant pis! répondis-je. —Tant mieux! la France

« est sauvée. — Nous verrons, repartis-je, qui « de nous deux a raison. » L'apparition du roi mit fin à ce colloque, et nous partîmes. Lorsque notre escorte fut finie, nous revînmes, moi, le cœur triste et navré, et pressentant déjà l'agitation de Paris. Au château, les absolutistes même n'étaient pas aussi tranquilles qu'ils affectaient de le paraître ; car depuis long-temps Mgr le duc de Bordeaux ne prenait plus de détachement de gardes pour sortir, et ce jour-là on en commanda un pour le ramener le soir de Trianon.

27 JUILLET.

Nous apprîmes que Paris était en mouvement, que des rassemblemens avaient eu lieu, que la garde était sous les armes. Dans la journée de nouveaux renseignemens nous arrivèrent. L'opposition prenait un caractère plus grave qu'on ne l'avait cru d'abord. L'officier des gardes de service à la salle des généraux entra d'un air rayonnant dans cette salle, et s'écria en se frottant les mains : « Eh bien ! à Paris....» (Il fit alors le simulacre de coucher en joue et de tirer.) Ce fut de cette manière qu'il nous fut annoncé que les troupes avaient commencé le feu. Ceux dont les ordonnances avaient comblé les désirs approuvèrent les mesures qu'on venait de prendre. Ils étaient dans l'enchantement. Ils disaient que le peuple ne résisterait pas ; et ils se croyaient encore bien plus certains de la victoire quand ils surent que l'artillerie de la garde était en réserve sur la place Louis XV.

28 JUILLET.

Nous étions à la piste des nouvelles, moi surtout, dont la famille habitait la capitale, et qui craignais qu'un accident ne me privât de quelqu'un des gens qui me sont si chers. On continuait de se battre à Paris, et les nouvelles les plus contradictoires circulaient à Saint-Cloud. On y disait que si la résistance se prolongeait dans la capitale, c'est que M. Laffitte avait donné un million pour faire la révolution ; que l'or circulait dans les rangs du peuple, et que c'était ainsi qu'on était parvenu à mettre en avant les ouvriers. Paris fut déclaré en état de siége, et le commandement des troupes remis au maréchal Marmont. A trois heures nous sûmes que le peuple s'était emparé de l'Hôtel-de-Ville, qu'il avait arboré sur le faîte de cet édifice le drapeau tricolore, et qu'un gouvernement provisoire venait de s'établir. Cette nouvelle commença à attiédir un peu le zèle de ceux qui, les premiers jours, étaient si échauffés. Cependant ils comptaient toujours sur les troupes, sur l'avantage que la discipline devait leur donner. Mais quand le bruit parvint que le général Gérard et le général Lamarque étaient à la tête du mouvement, cette confiance fit place à l'abattement. Elle se releva cependant le soir, quand on vint, avec une sorte d'enthousiasme, proclamer que les troupes l'avaient emporté sur tous les points, et que trente-deux membres du gouvernement provisoire avaient été arrêtés et conduits à Vincennes. Une autre anecdote, qu'il est bon de raconter, donnait encore bon espoir aux partisans des ordonnances; la voici : M. de Peyronnet avait paru le matin vers onze heures dans le salon du château, en costume brillant de ministre, et toujours avec cet air dégagé qu'on lui connaît. « Comment, lui dit un courtisan effrayé par les événemens, comment pouvez-vous venir avec ce costume dans une pareille circonstance? — Et pourquoi pas, reprit l'excellence ? Eh ! mon Dieu, ce sera fini ce soir ! »

Ce même jour, vers midi, un honnête homme, un homme d'honneur, tenait au roi un langage bien différent. Témoin des massacres de Paris, épouvanté de cette horrible boucherie, il court à Saint-Cloud, y parvient à travers mille obstacles, demande à parler au roi, est introduit près de Sa Majesté par le duc de Luxembourg, et lui expose le tableau vrai et animé de ce qui se passe dans la capitale. Le roi, que les ministres ont trompé jusqu'au dernier moment, le roi ne put pas croire que ce récit fût fidèle. « Vous exagérez le mal, dit-il à celui qui lui faisait entendre la vérité. — J'exagère si peu, Sire, reprit l'autre, que si dans trois heures Votre Majesté n'a pas traité, la couronne qu'elle porte ne sera plus sur sa tête. » Cet avertissement ne produisit malheureusement aucun fruit; et si le fonctionnaire en se retirant dut s'applaudir d'avoir fait son devoir, il eut le regret de voir ses avis méprisés. Ce personnage est M. le baron Weyler de Navas, sous-intendant de la maison militaire.

29 JUILLET.

Le jeudi matin, à 8 heures, les ministres arrivèrent tous, en bourgeois cette fois, pâles et effarés, dans une voiture sans armoiries, et escortée par un peloton de lanciers en avant et un autre peloton en arrière. Cette arrivée contrasta avec le bruit qui se répandit que le peuple avait été chassé de l'Hôtel-de-Ville et rejeté sur le Luxembourg, où le feu continuait. Une pareille nouvelle, jointe à celle de l'arrestation des membres du gouvernement provisoire, ramena cependant la joie dans quelques esprits; mais à deux heures, quand on sut que l'évacuation de Paris par les troupes royales avait lieu, le découragement reparut chez ces mêmes personnages, et l'on fit des préparatifs de départ. Des gardes firent porter en ville leurs malles, craignant le pillage de l'hôtel, lorsque nous l'aurions évacué. Le quartier, pendant toute cette journée, présenta l'image du plus grand désordre. Déjà depuis deux jours il offrait dans son enceinte rétrécie l'aspect d'un camp, les autres compagnies étant venues de Paris, de Versailles et de Saint-Germain, se concentrer à St-Cloud. Les chevaux bivouaquaient déjà dans la cour, sellés et chargés depuis le mardi. L'école spéciale militaire de Saint-Cyr, qui avait demandé à venir se joindre aux défenseurs du roi, arriva avec ses canons. S. M. et Madame duchesse de Berry furent au-devant de ces jeunes gens, qui s'établirent dans l'orangerie. Pendant ce temps, M. le Dauphin, escorté par un détachement de gardes du corps et de gendarmes des chasses, était allé dans le bois de Boulogne, passer la revue des troupes qui revenaient de Paris. L'armée se concentra dans le parc avec une tête de colonne qui protégeait les ponts de Sèvres et de Saint-Cloud. Des patrouilles nombreuses parcouraient les environs. Nous fournissions, nous, celles qui allaient éclairer jusqu'à Neuilly. Le soir, vers 6 ou 7 heures, nous entendîmes le canon que l'on tirait aux Invalides. Quelques personnes prétendaient déjà que c'étaient ces vieux militaires qui ne voulaient pas se rendre, et se défendaient contre le peuple. Nous sûmes plus tard que c'étaient les Parisiens qui célébraient leur victoire.

30 JUILLET.

M. le baron Weyler de Navas, seul intendant militaire présent, fut chargé de pourvoir à la subsistance des troupes qui arrivaient; et je suis encore à me demander comment sa santé a pu résister aux fatigues de ce travail. Des détachemens de soldats arrivaient à chaque instant pour prendre des bons de vin et de subsistance, ou pour recevoir le pain qu'on apportait par petites charretées, et qu'on était parvenu à amener de loin à grand' peine, quoiqu'on l'eût payé comptant. Notre premier soin était de les interroger. Ils étaient unanimes sur l'énergie que le peuple avait déployée, sur la bravoure et le calme vraiment héroïque avec lesquels il recevait le feu des troupes. Un soldat du 6ᵉ de la garde me raconta qu'il était entré, lui quarante-sixième, dans une maison située près de la place du Palais-Royal, à côté de la Civette, maison non encore achevée, et qu'ils n'en étaient sortis que neuf. Dans une autre compagnie il n'en était revenu qu'un. Ces malheureux n'avaient pas eu seulement à supporter les fatigues et le feu meurtrier des Parisiens, mais encore la faim, car pendant ces jours déplorables on ne leur avait distribué que peu ou point de vivres.

Pendant que nous étions à attendre des ordres, l'officier supérieur qui, le mardi, nous avait annoncé le commencement du feu d'une manière si satisfaisante et si énergique, entra dans la cour de l'hôtel : « Eh bien! mon colonel, lui criai-je. — Eh bien! mon cher, c'est la révolution ; je l'ai toujours dit, on n'a pas voulu me croire. » Nous sûmes alors que M. le duc de Mortemart était parti depuis la veille pour Paris, avec les pouvoirs du roi et le titre de premier ministre. Bientôt le bruit se répandit qu'à Paris la garde nationale et les citoyens se battaient entre eux ; la première pour empêcher le pillage, que les seconds voulaient, après avoir refusé les offres de M. Laffitte, qui avait offert 14 millions pour racheter la ville. Je l'avouerai, cette nouvelle mit le comble à mes inquiétudes. Depuis que les troubles avaient pris un caractère si grave, je n'existais plus. Ma femme, mon frère, ma belle-mère, mes enfans, tout ce qui m'attache à la vie, étaient à Paris. Le devoir, l'honneur, la reconnaissance me retenaient à mon poste; et ceux que j'aimais pouvaient courir des dangers au-devant desquels il m'était impossible de courir, soit pour les partager, soit, peut-être plus heureux, pour en préserver des êtres si chers. Jamais situation ne fut plus horrible; jamais souffrances ne pourront être comparées à ce que j'ai éprouvé pendant toute cette tourmente, par suite de ces pensées. Et pour donner plus de consistance à ce nouveau bruit de pillage et de révolte, on colportait à l'appui un mot du roi; S. M. aurait dit : « Ils se battent entre eux, attendons qu'ils « nous rappellent pour aller mettre l'ordre. »

Au milieu de ces bruits, de ces événemens qui se pressaient et se succédaient avec tant de rapidité, des murmures s'élevaient dans l'armée. Les officiers accusaient hautement de trahison le maréchal Marmont. Ils prétendaient qu'il avait agi mollement ; que des régimens entiers étaient restés jusqu'à trente-huit heures sans ordres et exposés au feu des Parisiens. Enfin ils parlaient de sa conduite en 1814, la comparaient à celle qu'il avait tenue pendant les troubles, et l'on mettait encore en avant l'influence de l'or de M. Laffitte.

Le soir on lut aux troupes une proclamation du maréchal qui annonçait que tout était fini, que le roi avait abdiqué, que le dauphin lui succédait, et que cet arrangement était approuvé par le peuple de Paris. Il paraît que ce fut cette proclamation (que le maréchal avait cru devoir publier pour calmer l'effervescence qui se manifestait déjà chez quelques soldats) qui motiva la scène que M. le dauphin lui fit, et qu'il termina en l'appelant traître et en lui demandant son épée, que le maréchal lui rendit. Il fut détenu une demi-heure sous la surveillance d'un brigadier et de quatre gardes du corps. Le roi le fit ensuite appeler, et les motifs qu'il donna lui valurent, dit-on, une réparation et des excuses de M. le dauphin.

31 JUILLET.

Nous étions la veille, depuis huit heures du soir, couchés près de nos chevaux et la bride dans le bras, lorsqu'à deux heures du matin, le 31, les maréchaux des logis vinrent nous prescrire de brider, de sortir, et de monter à cheval sans bruit, le roi allant quitter Saint-Cloud. Cet ordre, auquel nous nous attendions depuis longtemps, ne nous surprit pas : nous l'exécutâmes sur-le-champ, et nous fûmes nous mettre en bataille par numéro de compagnie derrière le château, en face de l'orangerie, la droite appuyée à la route de Ville-d'Avray, la gauche à l'entrée du parc du côté du château. A trois heures et demie les voitures de la cour parurent; le roi était dans la dernière. A la portière de gauche était le maréchal Marmont, à cheval. Le plus grand silence régna pendant toute la route. Chacun était en proie à ses réflexions. Cette royauté, si belle, si puissante quelques jours auparavant, et qui ne tombait que parce que de coupables ministres avaient poursuivi le peuple jusque dans ses derniers retranchemens, cette retraite qui commençait comme celle de 1815, ce roi naguère entouré de courtisans à gros gages, et réduit maintenant à l'escorte de quelques soldats fidèles à leur serment et à leur devoir, ce jeune prince que l'on saluait la veille encore du titre d'héritier de la belle couronne de France, cette jeune princesse ange de grâce et de bonté, et auprès d'eux leur mère, être angélique, adoré, dont le passage en France n'a été marqué que par les bienfaits qu'elle y a répandus; tout ce malheur qui frappait une auguste famille, trompée, trahie, mais innocente du mal qui a été fait, tout cela, dis-je, serrait le cœur, et ne laissait de place qu'aux plus tristes pensées. M. le dauphin était resté en arrière avec l'armée. Arrivés au rond-point de Ville-d'Avray, nous vîmes quelques débris d'armes; c'étaient celles du 50° de ligne qui avait tourné la veille, et que la compagnie de Croï, disait-on, avait chargé. En passant dans Ville-d'Avray nous vîmes que les habitans, craignant sans doute pour eux dans cette révolution, avaient déjà fait effacer de leurs enseignes les mots qui, la veille encore, leur semblaient peut-être un gage de protection et d'achalandage. Un marchand de vin, *A la Chasse royale*, avait fait biffer le mot *royale* ; un autre qui s'était établi à l'enseigne du *Garde à Pied*, avait également fait effacer ces mots. Du reste, personne sur la route ne manqua au respect qu'il devait au roi. En arrivant à Versailles par l'avenue de Saint-Cloud, nous trouvâmes dans l'allée de Trianon les élèves de l'école de Saint-Cyr, en bataille près de leurs pièces, et à leur gauche le drapeau du 50ᵉ de ligne porté par le colonel, et qu'escortaient seulement un peloton de voltigeurs et les sous-officiers demeurés fidèles.

Le roi s'établit provisoirement à Trianon, et nous bivouaquâmes devant le château, dans l'avenue qui y conduit. L'armée, qui opérait son mouvement de retraite, arriva successivement, se plaça en avant pour couvrir Trianon, l'artillerie en tête. On se flattait de rester là quelque temps. Le 2ᵉ de grenadiers à cheval, St.-Cyr, le 1ᵉʳ léger et les débris du 50ᵉ comprimaient Versailles qui s'était insurgé l'avant-veille, mais que ces corps avaient repris le vendredi. Vers midi, M. le dauphin arriva ; une heure après, on partit pour Rambouillet. Nous fûmes rejoindre la grande route par les derrières du château. A quelque distance, on trouva, dans des taillis qu'on fut sonder, des canons de fusil qui y étaient cachés et dont on s'empara. A St.-Cyr, nous vîmes en bataille les débris des gendarmes à pied et à cheval de Paris, avec leur colonel en tête, M. de Foucault, qu'on nous avait dit, à St.-Cloud, avoir été une des premières victimes du soulèvement populaire. Ils firent retentir l'air des cris de *Vive le roi!* auquels nous mêlâmes les nôtres! Nous continuâmes notre route, qui fut le soir ce qu'elle avait été le matin, triste et silencieuse. On pensait au roi, à sa famille, et puis à ses parens qu'on avait laissés à Paris, sur le sort desquels on était si inquiet, et dont chaque jour allait nous éloigner, sans nous laisser la consolation de savoir quand et comment nous aurions de leurs nouvelles. Un peu en avant de Rambouillet, on fit une halte; le roi, qui était venu à cheval depuis Trianon, à la tête de la compagnie de Luxembourg, passa devant nous pour voir un instant ses enfans. Notre compagnie, qui marchait derrière les voitures des princes, reçut ordre, lorsque l'on continua le mouvement de marche, de les dépasser; quand nous arrivâmes à la hauteur de celle de *Madame*, S. A. R., qui avait pris le costume d'homme, et était avec ses enfans, se plaça sur le marche-pied pour nous voir défiler; elle nous saluait affectueusement et semblait nous remercier de l'appui que, dans ce triste moment, nous prêtions tant à elle qu'à ses enfans, dont elle s'occupait avec une si touchante sollicitude. Cette bonne princesse, contre laquelle nulle plainte ne peut s'élever, qui fut toujours accessible aux plaintes du malheur, et qui faisait tout le bien que la modicité de son revenu lui permettait d'accomplir, emportera à jamais une grande partie de mes regrets; et tant que mon cœur battra, il sera animé de la plus vive reconnaissance pour celle qui a daigné quelquefois me prêter son auguste appui, et en qui j'ai toujours trouvé tant de bienveillance et tant de bonté.

Nous arrivâmes à Rambouillet entre neuf et dix heures du soir, et on établit les bivouacs dans le parc, nous dans l'intérieur avec les gardes à pied et les gendarmes des chasses; la garde, infanterie et cavalerie, à l'extérieur. La nuit fut tranquille; cependant on n'était pas sans inquiétude sur les intentions des habitans, dont quelques uns rôdaient autour de nous, et l'on veilla tour à tour auprès des chevaux, que pendant notre sommeil on aurait pu détacher et enlever.

1ᵉʳ AOUT.

Le matin, arriva madame la dauphine. Les gardes se précipitèrent sur son passage en criant: *Vive le roi! Vive madame la dauphine!* Ce furent les derniers cris qui la saluèrent. Elle était dans une chaise de poste attelée de quatre chevaux, et n'avait avec elle que M. le comte de Faucigny-Lucinge, officier supérieur. Nous sûmes qu'à Tonnerre, elle avait reçu la première nouvelle des événemens de Paris, qu'elle en avait deviné tout de suite le triste résultat, et qu'elle n'avait eu que le temps de se sauver déguisée en femme de chambre, et M. de Faucigny ayant pris un habit de domestique. Son arrivée calma bien des inquiétudes, bien des craintes; car, dès avant le départ de St.-Cloud, nous tremblions tous pour cette auguste princesse, dont le caractère noble et bienfaisant a été calomnié par des gens qui ne l'ont jamais approchée, et qui sauraient, s'ils avaient été en position de le faire, combien elle était bonne, douce et bienfaisante. Son âme éclairée avait deviné d'avance le mal que devaient produire les ordonnances que des ministres sans pudeur, et que la haine publique ne saurait trop flétrir, ont osé présenter à la signature du roi. Il est prouvé aujourd'hui que ce n'est pas de son plein gré que S. A. R. avait été à Vichy, mais par ordre exprès de Charles X, auquel le ministère avait demandé cette espèce d'exil; tel était, hélas! la fatale influence de ce ministère sur l'esprit du monarque, qu'il l'avait obtenu sans opposition.

Dans la journée, on fit circuler dans le camp le bruit que le roi et le dauphin abdiquaient, et que Mgr le duc de Bordeaux était roi, sous la régence de Mgr le duc d'Orléans. Cette nouvelle nous combla de joie; elle nous semblait de nature à concilier toutes les opinions, à ramener tous les partis; enfin nous y crûmes. M. le dauphin, généralissime de l'armée, nous informa, par un ordre du jour, que les vivres de campagne nous étaient alloués. Plus tard, on nous lut également un autre ordre du jour ainsi conçu :

« Le roi informe l'armée, d'une manière offi-
« cielle, qu'il est entré en arrangement avec le
« gouvernement provisoire, et tout porte à croire
« que cet arrangement est sur le point de se con-
« clure. S. M. porte cette nouvelle à la connais-
« sance de l'armée, afin de calmer l'agitation que
« quelques régimens ont montrée. L'armée sen-
« tira qu'elle doit rester calme, impassible, et
« attendre les événemens avec tranquillité.

« Signé Louis-Antoine.
Par S. A. R., L'aide major-général,
Baron de Gressot. »

Le soir, après son dîner, le roi, accompagné des princes et princesses de sa famille, passa devant le front de bandière du camp. Il fut reçu avec l'attachement que nous lui portions, mais sans cris : comment aurions-nous pu crier? tout le monde pleurait, les princes même pleuraient comme nous. Il y a quelque chose de si touchant dans l'infortune d'une tête couronnée, quelque chose de si pénible dans la destinée de cette malheureuse et innocente famille trois fois condamnée à l'exil, que cette douleur doit paraître bien naturelle. Ce même jour, le 15e léger rapporta ses drapeaux, et passa du côté du gouvernement provisoire.

2 AOUT.

Notre séjour semblant devoir se prolonger à Rambouillet, nous songeâmes à nous organiser. On fit des habitations : on arracha les treillages des jardins, on abattit des arbres pour faire du feu, et les branches servirent à nous faire des toits : chacun donna à sa maison le nom qui lui convint. L'un demeurait *au quinconce des Tuileries*, l'autre s'était établi *à la Rotonde du Palais-Royal*; un troisième avait pris pour enseigne *les Barreaux-Verts*, un quatrième avait baptisé sa demeure la *Petite-Provence*, etc. On parvint à obtenir quelques journaux en ville. *Le Constitutionnel*, *le Temps* circulaient, et nous sûmes ainsi quelques nouvelles de Paris, dont la tranquillité nous importait tant. Le calme qui y régnait nous rassura sur le sort de nos parens, mais il nous étonna tellement, que nous craignîmes un instant d'être trompés par ces journaux, comme l'ont été les abonnés de *l'Universel* et de *la Gazette*, à qui ces feuilles absolutistes disaient le 28 que la tranquillité était rétablie, et le mouvement comprimé. Des lettres reçues par les habitans de Rambouillet, et que quelques uns nous montrèrent, calmèrent enfin tout-à-fait nos craintes.

Quelques coups de pistolet que nous entendîmes dans la matinée furent au moment de donner l'alarme. On sut bientôt qu'ils étaient occasionnés par le bruit qui s'était répandu que le roi avait donné l'ordre d'ouvrir ses tirés, et permis aux gardes d'aller y tuer le gibier. En un instant beaucoup d'entre nous y furent, et une demi-heure après la garde y était aussi. Le bois fut bientôt dépeuplé de faisans. Un cerf qui s'était échappé traversa le camp, on courut sur lui, et il tomba sous les coups des gendarmes des chasses qui l'eurent bientôt fait rôtir et mangé. Les coups de feu ne cessèrent que le soir : on ne tirait qu'à balles; on ne sera donc pas surpris d'apprendre qu'un gendarme des chasses fut blessé à la jambe au milieu de cette chasse improvisée, qu'un garde à pied (ex-cent-Suisse) eut son bonnet traversé par une balle, et si l'on est étonné d'une chose, c'est que personne n'ait péri.

Depuis Saint-Cloud, trois gardes, présens au service, manquaient seuls à l'appel. Le premier qui nous ait quittés, et qui soit venu apporter sa fidélité au nouveau gouvernement, est M. Menjot de Dammartin, frère du fameux substitut du procureur du roi : il avait été fait lieutenant (garde de 2° classe) à la faveur.

Dans les gardes à pied, personne ne manquait. Chacun était fidèle à son drapeau : on restait pour protéger la sûreté du roi, celle des princes; et tout en craignant d'avoir à frapper sur les concitoyens, sur des amis, peut-être même sur des parens, on était prêt à faire son devoir et à se faire hacher pour garantir les Bourbons de la moindre insulte et du moindre danger.

On savait que le général Girardin était allé à Paris traiter au nom du roi, et on l'attendait avec impatience.

La désertion était grande dans l'armée. On voyait les hommes passer par pelotons. Cette défection était attribuée au manque de vivres. M. le baron Weyler de Navas cependant, qui continuait à être le seul intendant militaire resté à son poste, se donnait un mal tel que nous craignions pour sa vie : à peine pouvait-il se soutenir, mais son zèle semblait rendre encore quelques forces à une santé chancelante; il se multipliait avec un dévouement dont l'armée tout entière garde la plus profonde reconnaissance, mais ses efforts n'étaient malheureusement pas toujours couronnés de succès : la farine manquait, et pourtant des convois destinés pour Paris arrivaient à chaque instant de la Beauce. On les respecta tous, et pas un ne fut arrêté, malgré les privations et les souffrances auxquelles l'armée était en proie.

Le soir, on parla de nous lire une lettre du roi à M. le duc d'Orléans : cette lecture fut remise au lendemain. Nous la connûmes cependant tout de suite, car on l'afficha avec profusion dans la ville, et chaque affiche était entourée d'un nombre immense de curieux, qui se renouvelaient à chaque instant. Nous avions soif de nouvelles, et celle-ci paraissait être de nature à nous éclairer sur l'avenir. Tous les journaux l'ont publiée. C'est l'acte d'abdication du roi et du dauphin, tel qu'il a été communiqué aux chambres par le lieutenant-général du royaume, et déposé dans les archives.

Ce fut également dans la soirée que nous apprîmes la défection du 2ᵉ grenadiers à cheval, qui, au nombre de 480 hommes, nous assura-t-on, venait de tourner, avec son colonel en tête. On me permettra ici de ne pas tracer le nom de cet officier supérieur : j'ai servi autrefois sous ses ordres comme sous-officier ; je ne l'ai connu que comme un homme d'honneur, plein d'âme et de loyauté : je suis encore à m'expliquer cette erreur, que je n'ose pas juger, car il faut qu'il ait existé de graves motifs pour porter à cette démarche un homme que jusque-là tout militaire eût été fier d'avoir pour chef ou pour ami.

Après la visite du roi, nous eûmes celle de notre capitaine des gardes, M. le duc de Mouchy, qui n'étant pas de service à Saint-Cloud lors de l'époque des troubles, nous rejoignit à Rambouillet. Il nous félicita de notre conduite, prit la main de plusieurs gardes, et nous dit que désormais entre nous et lui *c'était à la vie, à la mort.*

La compagnie de Luxembourg formait la grand'-garde à la tête du bois de Rambouillet, sur la route de Cognières. Le soir, comme on avait laissé au bivouac quelques effets (et que tout disparaissait avec promptitude quand on s'éloignait un instant), le commandant de cette compagnie donna à un garde l'ordre de retourner à Rambouillet et de garder le bivouac. Celui-ci refusa d'abord, représentant que les escadrons pouvaient être attaqués pendant la nuit, que son devoir était de rester et de partager les dangers de ses camarades : le commandant insista, réitéra son ordre ; le garde dut se soumettre, il rentra au camp ; mais se croyant déshonoré, à peine arrivé, il saisit ses pistolets, et se fit sauter la cervelle. Celui-là entendait l'honneur d'une autre manière que M. Menjot de Dammartin.

3 AOUT.

A cinq heures du matin, nous fûmes relever de grand'garde la compagnie de Luxembourg. Vers huit heures, nous vîmes passer dans une chaise de poste notre capitaine, M. le duc de Mouchy. Il nous dit qu'il se rendait à la chambre des pairs, par ordre du roi. Nous n'avons lu nulle part qu'il ait défendu la cause de Charles X. Il est resté muet pour les intérêts du souverain qui, aux jours de sa puissance, le comblait de bontés, l'admettait dans son intimité, dont il tirait 40,000 francs de traitement comme capitaine des gardes, sans compter sa pension de pair et son traitement de lieutenant-général : il a même pris la cocarde tricolore, et prêté serment au roi Louis-PHILIPPE Ier, tandis que sa compagnie, sous les ordres du lieutenant-major, M. le marquis de Bonneval, marchait à travers la Normandie avec la cocarde blanche, et protégeait l'embarquement de son maître. De ce jour, beaucoup d'entre nous ont renié le nom de Noailles, et n'ont plus voulu appeler la compagnie que de son numéro de bataille (*troisième*). Peut-être, par cette conduite, M. le duc de Mouchy a-t-il pensé qu'il se ferait conserver sur la liste d'activité des lieutenans-généraux : le roi actuel l'a rayé, et il a bien fait, car ce grade était pour M. le duc de Mouchy une véritable sinécure, et on aurait pu lui appliquer avec justesse le mot du prince de Ligne à un colonel qui, s'avançant vers lui, lui disait : « Faites-moi votre compliment, mon prince, l'empereur vient de me faire général. — Vous vous méprenez, reprit le prince de Ligne, l'empereur a pu vous *nommer*, mais pour vous *faire* général, je l'en défie. »

Quelques instans auparavant les commissaires du gouvernement près Charles X se présentèrent allant à Rambouillet. Nous vîmes la cocarde tricolore à un officier-général, qu'on me dit être le maréchal Maison ; c'est la première que j'aie vue. Ils passèrent sans obstacle, et une ou deux heures après revinrent, reprenant la route de Paris.

A midi à peu près, deux gardes faisant partie du peloton d'avant-postes nous amenèrent un brigadier de cuirassiers de la garde royale sur la cuirasse duquel le ruban tricolore flottait à côté des armes de France. Il s'annonçait comme parlementaire. On fit prévenir le général Vincent qui nous commandait, et qui était en arrière donnant des ordres au colonel du régiment suisse, qui marchait de grand'garde avec nous. Le général arriva, et partit pour les avant-postes avec le brigadier; peu de minutes après, nous entendîmes quelques coups de feu, et nous vîmes passer un officier, qu'on nous dit être un aide-de-camp du général Lafayette. Cet aide-de-camp avait la jambe droite cassée, et était porté sur des fusils par quelques soldats suisses. Il semblait ne pas s'occuper de son mal, ni de la souffrance qu'il devait éprouver, et s'écriait : « Quelle atrocité ! « des Français commettre un acte pareil ! Si je « gémis, ce n'est pas sur moi, mais sur vous, sur « la responsabilité terrible que vous attirez sur « vos têtes : jamais je n'aurais cru qu'on osât se « porter à cette extrémité ! » Comme on continuait à le transporter pendant qu'il parlait, ses plaintes se perdirent bientôt loin de nous, nous ne savions ce que tout cela voulait dire; voilà les détails que nous donnèrent plus tard nos camarades qui avaient été témoins de l'affaire.

Cet officier était le colonel Poques. Lorsque le général arriva aux avant-postes avec le brigadier que le colonel lui avait détaché, il reconnut dans M. Poques un ancien garde-du-corps de la compagnie de Raguse, qui lui avait été attaché comme officier d'ordonnance. Après quelques mots du général sur ces anciennes relations, il somma le colonel, qui se disait chargé d'une mission, d'exhiber ses pouvoirs; celui-ci refusa, ou ne put pas les produire, et se mit à pérorer et à chercher à embaucher les troupes qui se trouvaient présentes. Le général lui intima alors l'ordre de se retirer, il le répéta plusieurs fois, le menaçant de faire faire feu. M. Poques ne tint compte de cet ordre, et resta. Le général, impatienté, commanda le feu aux deux sections de suisses qui, placés à droite et à gauche de la route, formaient, avec le 3e peloton du 1er escadron de notre compagnie, l'avant-poste. En entendant ce commandement, le colonel Poques se croisa les bras avec tranquillité; les Suisses seuls tirèrent, et le malheureux tomba, comme je l'ai dit, blessé à la jambe; du moins ce n'est pas une balle française qui l'a atteint. On éclaira ensuite le bois au moyen de quelques coups de fusil, qui dispersèrent les paysans qu'on y croyait cachés (s'il y en avait). La poussière qui régnait sur la route ne permettant pas de voir si le colonel était ou non accompagné, le général nous envoya dire, par le colonel Dupille, de nous tenir prêts à charger; nous partîmes au trot; ce mouvement n'eut heureusement aucune suite, et nos mains sont pures du sang de nos concitoyens; mais on voit que dans cette malheureuse circonstance le général Vincent n'eut pas les torts qu'on lui a attribués. Peut-être n'est-il pas mal de couper ce triste tableau par l'anecdote suivante. Au moment où nous reçûmes l'ordre de charger, le colonel qui nous commandait se mit en serre-file au 4e peloton, et ce fut M. le commandant Lebrun qui fit faire à l'escadron les mouvemens prescrits par le général Vincent. Aussi, lorsque nous fûmes au repos, je citai à mes camarades le mot si piquant de Paul-Louis Courrier, à propos du général César Berthier, et l'appliquant à notre chef, je disais: « Qu'il s'appelle Berthier, je le veux bien, mais pour *Alexandre*, je le lui défends. »

A une heure, le 2e escadron vint nous relever, et nous rentrâmes au bivouac. Là, on nous lut la lettre du roi à Mgr le duc d'Orléans, dont j'ai parlé précédemment. Elle était suivie d'un ordre du jour de M. le duc de Luxembourg, capitaine des gardes de service, dans lequel il était dit: « Que gardes-du-corps de Charles X, ou de Henri V, notre position ne changeait pas. » Ainsi, jusqu'au dernier moment, les courtisans se faisaient illusion, et ils s'imaginaient que, quand bien même M. le duc de Bordeaux serait monté sur le trône de France, les corps privilégiés eussent été conservés, et eux toujours possesseurs des gros traitemens qu'ils coûtaient à l'état sans lui rendre aucun service.

A 7 heures du soir, on vint, avec fracas, nous annoncer que tout était fini ; que la chambre des députés à une immense majorité, et la chambre des pairs à l'unanimité, avaient refusé l'abdication du roi. Habitué, depuis St.-Cloud, à voir l'annonce de pareilles nouvelles précéder toujours un mouvement de marche, je ne crus point à ce bruit, et je prévis que nous partirions dans la nuit. A 8 heures, nous fûmes reprendre notre place à la grand'garde, le 2ᵉ escadron rentra au camp. A 10 heures 1/2 nous reçûmes l'ordre de nous reployer ; quand nous rentrâmes dans l'intérieur du parc, tout était déjà désert. L'armée était en marche, nous la rejoignîmes, et, il faut le dire, dans le commencement de la route notre retraite offrait un peu l'image de troupes battues et en fuite : infanterie, cavalerie, artillerie, tout défilait en même temps. Nous passâmes par un chemin de traverse qui allait en pente, et si, de dessus les petites hauteurs qui le couronnaient, 7 ou 800 hommes eussent tiré sur nous, je ne sais pas comment nous en serions sortis. Enfin, nous rejoignîmes la compagnie sur la grande route; l'ordre s'établit dans la colonne à mesure que le terrain devint plus propice.

4 AOUT.

A 5 heures du matin, nous étions à Maintenon: ce fut là que nous apprîmes que le mouvement d'évacuation s'était opéré, par suite de la nouvelle apportée au roi; que 30,000 Parisiens étaient arrivés à Cognières en omnibus, carolines, fiacres, coucous, etc., pour tomber sur nous à la pointe du jour. Il vaut mieux sans doute qu'aucun engagement n'ait eu lieu; mais si le roi avait été déterminé à tenir à Rambouillet, nous avions plus de monde qu'il ne nous en aurait fallu pour battre et disperser cette colonne. Nous étions encore au moins 12,000 hommes, dont plus de la moitié en cavalerie, et en plaine notre avantage n'eût pas été douteux; mais assez, trop de sang avait été versé, et la Providence ne permit pas que des Français fussent appelés à se battre contre des Français.

Nous devions aller à Chartres; tel était du moins l'ordre qui nous avait été donné; mais de nouveaux arrangemens furent pris entre le roi et les commissaires du gouvernement provisoire. Il fut décidé que nous irions coucher à Dreux; et pendant la halte de cinq heures que nous fîmes à Maintenon, le licenciement de l'armée s'opéra. La compagnie des gardes à pied remit son étendard au roi ; les officiers furent admis à l'honneur de prendre congé de lui ainsi que des princes et princesses de la famille. Ces adieux furent tristes et touchans. Le roi remercia ces braves de leur fidélité, dont il regrettait de ne pouvoir plus recevoir de gages, et leur donna sa main à baiser. Les princes et princesses les admirent au même honneur.

À dix heures nous partîmes pour Dreux, notre compagnie étant en tête de la colonne ; le 18ᵉ de chasseurs à cheval éclairait la route une demi-lieue en avant, et l'artillerie nous suivait. J'étais d'avant-garde. Au débouché de Maintenon, nous trouvâmes plusieurs compagnies d'infanterie de la garde qui s'étonnèrent de notre mouvement et nous demandèrent s'il y avait des ordres pour elles. Nous leur dîmes que nous pensions que leurs régimens suivaient ; nous le croyions en effet, car nous ignorions encore les détails que je viens de donner plus haut, et que nous n'apprîmes qu'à Dreux. En passant auprès des voitures du roi ou des princes, ces compagnies connurent leur sort.

Les cocardes tricolores commençaient à paraître sur notre chemin. Plusieurs voyageurs décorés de ce nouveau signe passèrent au milieu de nous sans recevoir la moindre insulte, sans entendre la moindre injure. Nous n'avions cependant aucun ordre, et nous ne connaissions pas les conditions arrêtées entre le roi et les commissaires. Jusqu'à Maintenon nous croyions, en nous dirigeant sur Chartres, que le roi se retirait dans la Vendée, en marchant sur Dreux; que nous allions nous joindre au camp de Saint-Omer, qu'on nous disait en marche sur Paris.

Pendant la route, les commissaires passèrent près de nous, allant en avant à Dreux : à peu près à une lieue de la ville on fit halte un instant pour les attendre, et le bruit courut qu'on ne voulait pas nous recevoir à Dreux. Cependant les commissaires nous rejoignirent, la marche continua, et nous entrâmes dans la ville. Le 18° chasseurs resta en dehors; à sa gauche étaient quelques officiers, sous-officiers et soldats de la cavalerie de la garde en très petit nombre, et qui sont venus avec nous jusqu'à Cherbourg. Un escadron de gardes bivouaqua devant la demeure du roi; le reste fut réparti sur le bord de la rivière ou dans les prairies, et cet ordre fut constamment suivi pendant tout le voyage. L'artillerie de la garde royale nous quitta là par ordre des commissaires, et deux pièces de canon seulement continuèrent à marcher avec nous.

Ce fut à Dreux que nous sûmes que nous allions à Cherbourg, où le roi s'embarquait. On conservait encore quelque espérance, disait-on, pour M. le duc de Bordeaux, et l'on parlait de voyager à petites journées pour attendre les événemens. Mais la présence des commissaires nous montrait clairement tout ce qu'il y avait d'illusion dans un pareil espoir.

5 AOUT.

Nous couchâmes à Verneuil : là je retrouvai quelques souvenirs de jeunesse. J'avais commencé mes études dans cette ville ; j'y revis mon ancien et respectable instituteur M. l'abbé Glasson, qui m'avait perdu de vue depuis 24 ans. J'allai rôder autour de mon ancien pensionnat, dirigé maintenant par un autre maître. Je contemplai, avec tout le plaisir que donnent de semblables souvenirs, et le dortoir où j'avais couché, et la classe où j'avais étudié. Enfin, ma mémoire encore fidèle me permit, au moyen de légères indications, de me faire montrer par un de mes anciens camarades, M. Avenel, que le hasard me fit rencontrer, et qui me combla aussi d'amitiés, le lieu où j'avais reçu mes derniers prix. On me passera ces détails dans un journal ; et d'ailleurs quel est l'homme dont de semblables réminiscences ne font pas battre le cœur ?

Je sus d'une manière certaine à Verneuil que

les ministres se doutaient si peu de l'importance du mouvement de Paris, qu'on n'avait pas songé à avoir de l'argent; que le trésor du roi ne contenait rien; qu'à Rambouillet S. M. avait fait vendre de l'argenterie pour payer le peu de vivres qu'on avait trouvés pour les troupes, et qu'à Dreux le receveur n'avait pu remettre aux commissaires que 4,000 fr., la seule somme que contînt sa caisse.

La population était calme; seulement on se pressait sous les fenêtres du roi pour le voir. Quelques hommes se montraient là avec la cocarde tricolore. Peut-être eût-il été plus généreux à eux d'éviter, dans un semblable moment, d'étaler devant Charles X ces couleurs qui lui rappelaient encore plus sa triste position : du reste, c'est un spectacle qu'on ne lui a malheureusement pas épargné sur sa route.

6 AOUT.

Laigle fut la limite de notre étape. Le roi logea au château. C'est à Laigle qu'on a commencé à nous donner quelques billets de logement. Jusque-là nous avions toujours bivouaqué; encore ne put-on délivrer que 6 billets par peloton de 30 hommes, de sorte que l'on voit que *cette faveur ne* revint pas trop souvent pendant le reste du voyage. On craignait quelque bruit à Laigle, ville manufacturière, et qui, conséquemment, n'est presque peuplée que d'ouvriers; mais pas un mot, pas un cri ne fut proféré, et le calme qui avait régné jusqu'alors ne fut point interrompu.

7 AOUT.

Nous arrivâmes au Mellerault, à 7 lieues de Laigle. Le logement du roi était marqué chez un ancien garde-du-corps de S. M., M. de la Roque. S. M. occupait une seule chambre au rez-de-chaussée. L'huissier de service, en costume comme à Saint-Cloud, se tenait à la porte, sur le carré, afin d'introduire les personnes de la suite de Charles X qui étaient admises à cette faveur.

Au premier, une chambre était réservée pour M. le dauphin et madame la dauphine : une autre reçut *Madame* duchesse de Berry et *Mademoiselle* : la dernière, M. le duc de Bordeaux et son gouverneur.

L'escadron auquel j'appartenais bivouaquait dans un herbage situé au bout de cette maison. A l'arrivée du roi, je me trouvais de faction à la porte des princes. *Madame* me reconnut en passant près de moi, et daigna me dire : « Vous êtes là, M. Anne, on me l'avait dit. — Madame, répondis-je, je n'abandonne jamais. — Oh! je le sais bien, répliqua S. A. R. — Je ne m'en irai, que lorsque le roi me renverra. » Madame la dauphine voulut bien également me parler avec bonté, et elle avertit M. le dauphin de ma présence. Ce prince, qui savait également que je suivais, et qui l'avait dit à Rambouillet à M. D'Acher Montgascon, son secrétaire, vint, et me fit un salut affectueux. En comparant la position de ces princes avec l'état dans lequel ils se trouvaient quelques jours auparavant, que de réflexions vinrent m'arrêter encore, et combien je maudis ces ministres coupables que l'appât d'un portefeuille avait cramponnés au pouvoir, et qui, jusqu'au dernier moment, avaient écarté la vérité du trône, et présenté au roi sous des couleurs si fausses l'état de la France. Si nous eussions tenu ces traîtres au milieu de nous, et que Charles X nous l'eût permis, la chambre des pairs ne serait point appelée aujourd'hui à prononcer sur leur sort, Vincennes ne les tiendrait pas renfermés, c'est la tombe qui leur servirait de prison. Déjà à Saint-Cloud M. de Polignac avait su à quoi s'en tenir sur l'opinion que les gardes avaient de lui, et l'apostrophe qu'il reçut le vendredi matin du factionnaire, au moment où il entrait chez M. le duc de Bordeaux, apostrophe dont la juste violence le fit pâlir, lui avait prouvé que si, dévoués de corps et d'âme à Charles X, nous étions prêts à nous faire tuer pour défendre le trône, le ministère chercherait en vain parmi nous une majorité pour approuver ses desseins homicides. Qu'étaient-ils devenus ces ministres si fiers, si insolens le 26, le 27, le 28 juillet, si timides, si tremblans le 29? depuis Trianon, nous ne les voyions plus. Après avoir fait crouler le trône, ils avaient abandonné leur souverain, et cherchaient à dérober par la fuite leur tête coupable à la juste vengeance du peuple. Mais la Providence, qui ne permet pas que le crime demeure impuni, les avait marqués du signe réprobateur, et malgré les déguisemens qu'ils avaient pris ils ont été reconnus, et la loi les attend.

On dîna dans la chambre du roi. Quand le dîner fut fini, S. M. et les princes furent obligés de sortir et d'aller se promener dans le bivouac, pour donner aux domestiques la faculté de desservir. Le roi parla à plusieurs gardes : il leur demanda s'ils n'étaient pas trop fatigués, si leurs chevaux supportaient bien la route, et les remercia de la fidélité qu'ils lui montraient dans cette triste circonstance. Ce fut dans ce moment qu'arrivèrent deux voitures appartenant à madame la dauphine. C'étaient des voitures de voyage de S. A. R. qui avaient été arrêtées à

Tonnerre, je crois, et que le gouvernement lui renvoyait. Je me trouvais de nouveau de faction à la porte du roi, quand madame la dauphine, en descendant de chez elle, dit à M. O'Hegerty fils : « Je suis très contente de l'arrivée de ces voitures, non pour les voitures en elles-mêmes, qui sont lourdes et roulent difficilement, mais au moins à présent *j'aurai des chemises..* » Un pareil mot, un semblable dénûment, en disent plus que les pages les plus éloquentes !

Ce fut au Merlerault que je vis pour la première fois *Madame* duchesse de Berry en femme. Elle reprit ce costume, pour ne plus le quitter : S. A. R. jusque-là avait voyagé, comme je l'ai dit, avec un costume d'homme.

Le temps depuis notre départ de Saint-Cloud avait toujours été beau. Nous arrivions dans les villes couverts de poussière, mais du moins la pluie nous avait épargnés. Dans la nuit du 7 au 8, elle prit une revanche éclatante; mais j'étais tellement fatigué que je ne sentais rien, et quand mon camarade m'éveilla pour aller chercher un abri sous un arbre, mon manteau, une blouse de bivouac, mon habit, tout était trempé, ce qui ne m'empêcha pas de continuer le peu d'heures de sommeil qu'il nous était permis d'avoir, car au point du jour il fallut encore retourner en faction.

Quand nous partîmes de St.-Cloud, on nous donna 50 fr. ; nous étions presque tous sans argent, ne nous attendant guère à une pareille bagarre. Ces 50 fr. étaient loin : au Merlerault on nous donna 10 fr. par garde, promettant de tâcher de faire mieux le lendemain ; tout cela était à compte sur le mois de juillet que nous n'avions pas reçu, et je ne sais pas où le correspondant du *Constitutionnel* a été prendre que l'on nous avait donné 200 fr. le premier de ce mois-là : les 200 fr. malheureusement n'ont existé que sur le papier, et les journaux devraient bien se défier de tous ces faux bruits que l'on invente, et que leur confiance propage avec tant de facilité.

Nous fûmes rejoints au Mellerault par M. le sous-intendant militaire baron Weyler de Navas, qui nous avait quittés à Rambouillet, non point par désertion, comme tous les courtisans à gros gages qui se sont envolés avec le dernier écu, mais pour aller à Paris parler de notre dénûment dont il avait été le témoin, et plaider en notre faveur auprès du pouvoir. Je dois dire hautement que les justes réclamations de cet homme d'honneur (dont la conduite établit un contraste si frappant avec celle de M. le baron de Clarac, notre cher intendant, que, par parenthèse, nous n'avons vu à aucune époque, mais qui figurait très-bien sur les états d'appointemens), furent écoutées par Mgr le duc d'Orléans et le général Gérard avec une bienveillance marquée, et que tout ce qu'il demanda pour nous lui fut accordé. On loua notre conduite, qui ne pouvait, en effet, obtenir qu'une approbation unanime, et M. le baron Weyler de Navas revint au milieu de nous achever la tâche qu'il avait entreprise, et heureux d'avoir d'aussi bonnes nouvelles à nous apporter. Il a déployé dans ces tristes circonstances un caractère si honorable, que je ne doute pas que sa noble conduite n'ait fixé l'attention du gouvernement. Si le ministre, homme d'honneur lui-même, veut, comme je le crois fermement, n'employer que des hommes francs, probes et loyaux, c'est sur M. de Navas que son choix doit tomber d'abord.

Les bruits absurdes dont on nous bernait chaque jour, depuis le 26 juillet, ne s'arrêtaient pas encore. Au Merlerault, on nous assura gravement qu'à Paris on se battait de nouveau, et que M le duc d'Orléans, à la tête d'un parti, disputait la couronne au général Lafayette qui voulait ériger la France en république avec la présidence pour lui.

Le roi recevait tous les jours le *Moniteur*. Il paraît que celui qui arriva ce jour-là contenait des nominations importantes, car à peine l'eut-il parcouru que sa suite s'en empara et le lut avec avidité. C'était celui du 6.

8 AOUT.

En arrivant à Argentan, nous lûmes une sage proclamation du maire, dans laquelle ce fonctionnaire parlait de Charles X avec le respect que son malheur devait inspirer, et conjurait ses concitoyens de s'abstenir de tout cri injurieux au monarque, les avertissant qu'une conduite contraire serait une lâcheté qui déshonorerait la ville. Ce maire se nomme, je crois, de Lautour. Il est également notaire. Les gardes n'ont qu'à se louer des égards qu'il leur a montrés, et de la politesse qu'il a mise dans ses relations avec eux.

9 AOUT.

Nous fîmes séjour. Le roi fut entendre la messe à la cathédrale. Malgré le séjour ordonné, à 8 heures du matin il fut question de partir. L'ordre, donné trois fois dans la matinée, fut trois fois révoqué. Voici ce qui avait provoqué cet ordre : des malveillans, car il y en a partout, avaient répandu le bruit, dans les campagnes environnantes, que la ville d'Argentan était à feu et à sang, les gardes-du-corps se battant avec les bourgeois de la ville. A cette nouvelle, les paysans avaient sauté sur leurs faux, sur leurs fourches, etc., et ils étaient accourus pour porter secours à leurs concitoyens; mais à leur arrivée, on les avait convaincus de la tranquillité de la ville, de la bonne harmonie qui existait entre les habitans et l'escorte de Charles X ; la sagesse des commissaires avait calmé cette effervescence, et ces braves gens étaient paisiblement retournés à leurs occupations.

On nous dit le matin qu'un courrier, passé dans la nuit, avait apporté la nouvelle qu'à Paris Mgr le duc d'Orléans avait été proclamé roi. Le journal, qui arriva le soir, nous confirma cette nouvelle, l'acceptation du prince et son avénement au trône sous le nom de Louis-Philippe Ier.

Ce fut à Argentan que les deux pièces de canon qui nous suivaient depuis Dreux nous quittèrent.

Nous cessâmes aussi de voir une voiture fermée qui marchait à la suite de celles du roi, escortée par des gendarmes des chasses. Cette voiture, qui s'arrêtait où logeait Charles X, ne s'ouvrait jamais. On nous dit plus tard qu'elle contenait madame de Polignac et ses enfans, qui se séparèrent de nous à Argentan, et parvinrent à s'embarquer heureusement à quelque distance de Valognes, dans un petit port de mer. D'autres croyaient que c'était M. de Polignac qui était dans cette voiture.

Nous n'avons jamais eu de certitude sur cette dernière version. Est-elle vraie ? est-elle fausse ? je l'ignore. Je parle du bruit qui a couru, je le rapporte tel qu'il m'a été transmis ; voilà tout ce que je puis dire. Mais s'il était vrai que M. de Polignac nous eût suivis, et qu'il eût espéré trouver près du roi plus de sûreté qu'en voyageant seul, il me serait expliqué pourquoi il nous quitta à Argentan, croyant s'embarquer plus facilement à Granville qu'à Cherbourg, où les commissaires, si l'on eût connu sa présence, n'eussent pas eu peut-être assez de puissance sur le peuple pour l'empêcher de se saisir violemment de la personne de l'ex-ministre. Voici le fait. Je me souviens que la veille, au Mellerault, un de mes camarades, M. Charvat, garde de première classe, causa fort long-temps avec M. le maréchal de camp comte de Larochejaquelein, cherchant à lui exagérer les dangers que le roi et la famille royale pourraient courir tant sur la route que l'on tenait, qu'à Cherbourg, tandis qu'en s'embarquant à Granville, petit port de cabotage, tout danger disparaissait, ce port ne pouvant présenter de résistance à l'escorte qui marchait avec Charles X, ou tenter de l'attaquer. Car, il faut le dire, sur toute la ligne que nous avons parcourue, on nous peignait la population comme exaltée, terrible, toujours prête à se soulever, à s'opposer à notre passage. Nous arrivions, et au lieu d'ennemis nous ne trouvions que des amis. D'un autre côté on disait aux citoyens que nous pillions partout, que nous enlevions sans rien payer tout ce qui nous était nécessaire, ou tout ce qui pouvait tenter notre cupidité; et quand à notre arrivée on voyait l'ordre avec lequel marchait la colonne, la discipline que nous observions, on s'apercevait aisément que tous ces bruits partaient de gens qui auraient voulu exciter le trouble, le désordre, et à l'aide de cette commotion déshonorer peut-être la France par de lâches assassinats, et quelqu'un de ces crimes dont nos annales révolutionnaires ont seules offert le régicide spectacle. Le général Larochejaquelein écouta avec bonté M. Charvat, qui, pénétré de son idée, prit la liberté d'en parler également à madame la dauphine; mais l'itinéraire de notre route ne fut point changé, et le mouvement sur Cherbourg continua. Maintenant ce que l'on ne voulut ou ne put pas faire pour le roi, l'essaya-t-on pour M. de Polignac? je ne puis l'assurer, puisque je ne sais pas s'il était dans cette voiture ; mais s'il s'y est trouvé, la direction qu'il a donnée à sa fuite a son origine, sinon cette conversation est un fait insignifiant comme tant d'autres, et auquel la circonstance pourrait seule donner quelque prix.

Le soir on nous remit encore à chacun 24 fr., à valoir toujours sur la solde de juillet.

10 AOUT.

L'anniversaire de ce jour, qui, à une autre époque, renversa tout-à-fait le trône de Louis XVI et prépara le 21 janvier, nous trouva dès 5 heures du matin à cheval, et nous dirigeant sur Condé-sur-Noireau, où nous arrivâmes à quatre heures du soir, après avoir brûlé l'étape de Falaise. Nous devions d'abord coucher dans cette ville; mais on dit que l'affluence des marchands et des étrangers que la foire de Guibray, qui était sur le point de s'ouvrir, y avait attirés, faisait craindre que notre présence ne surchargeât trop la ville. Je me rappelle qu'à la sortie de Falaise, m'arrêtant un instant à une auberge pour y faire manger mon cheval qui avait déjà fait cinq lieues, et qui en avait encore autant à faire, le garçon d'écurie, qui avait vu défiler la colonne et qui avait la vue fatiguée d'épaulettes, me dit : « Monsieur, dans votre régiment il n'y a donc pas de soldats? — Non; chez nous les soldats sont officiers. — Fameux! reprit-il; si je l'avais su j'aurais voulu servir dans ce corps-là.»

Les mêmes bruits qui circulaient sur la route, et que j'ai déjà signalés, continuaient à se propager. On aurait dit qu'on cherchait à intimider le roi en lui présentant le peuple comme prêt à chaque instant à se porter à quelque attentat contre lui, et qu'on eût voulu lui faire hâter le jour de son embarquement; mais à part les préparatifs qu'il était nécessaire de faire, il y avait une autre considération qui ne permettait pas d'écouter l'impatience de quelques individus. Cette considération existait dans le ménagement qu'exigeaient nos chevaux. Ils ne pouvaient marcher au gré de tous les désirs. Dix lieues par jour, quelquefois douze, bien moins sept, c'était assez pour eux, nourris surtout comme ils l'ont continuellement été. Il est impossible de se faire une idée du désordre qui régnait dans les distributions; ceux qui en étaient chargés, et qui, d'après l'organisation de notre corps (où les maréchaux des logis de palefreniers faisaient tout), avaient à les donner pour la première fois, n'y entendaient rien faute d'habitude, et perdaient la tête au milieu de toutes les réclamations qui leur étaient adressées. Les choses ne marchèrent à peu près bien que quand M. Huvelin, maréchal des logis-fourrier (capitaine-chef d'escadron), se mit à la tête de ce travail. Puis nous séjournions dans des villes ou dans des bourgs, où nous ne trouvions jamais toute la nourriture dont nos chevaux avaient besoin : la ration complète n'a été distribuée pour la première fois que le 17 août. Jusque-là on allait comme on pouvait, donnant ce qu'on avait; et ces malheureux chevaux, après avoir marché toute la journée, ne mangeaient qu'une misérable botte de foin et deux ou trois jointées d'avoine, encore plus souvent deux que trois. Ceux d'entre nous qui trouvaient que ce n'était pas assez, achetaient du fourrage à leurs frais, et c'est ce que j'ai fait bien souvent. Si au lieu d'un voyage d'escorte, dont le terme pénible était connu, on avait eu à faire une campagne en pays ennemi, nous aurions été bien malheureux : on m'objectera qu'en 1823 les gardes ont marché en Espagne; je dirai qu'à cette époque ils avaient des palefreniers qui s'occupaient de leurs chevaux et leur évitaient ce soin, tandis qu'en 1830 ces gens-là nous ont abandonnés au moment du départ. Quelques uns sont partis avec nos dépouilles; le peu qui a suivi avait été accaparé, selon l'usage, par les officiers supérieurs et inférieurs. Nous n'en avons su le nombre qu'au licenciement : ils étaient encore quarante-sept. J'aurais parié, une heure avant de les voir, qu'il n'y en avait pas quinze.

11 AOUT.

Arrivés à Vire, nous trouvâmes là une proclamation du maire, faite dans le même sens que celle de son collègue d'Argentan. Le correspondant du *Constitutionnel*, dans un autre article que nous avons lu plus tard, dit que le roi remarqua que nulle part encore il n'avait vu autant de cocardes tricolores. Il n'y en avait pas plus à Vire qu'ailleurs; il y en avait autant, et c'était bien assez. Voici ce qui a pu donner lieu à cette remarque, que je ne conteste pas, mais que je vais expliquer. Le maire, par mesure de précaution, et craignant peut-être que malgré ses exhortations quelques imprudens ne troublassent l'ordre, avait convoqué une garde nationale extraordinaire de trois cents hommes. Cette garde improvisée bordait la haie sur le passage du roi, empêchant le peuple de se précipiter en avant pour mieux voir, faisant enfin la même police qu'à Paris les gendarmes, un jour de fête ou de revue. Ces citoyens étaient en bourgeois, sans armes, les chefs seuls avaient une canne, mais tous, pour se reconnaître, et comme marque de service, portaient le ruban tricolore à la boutonnière. Du reste, je le répète, rien ne nous a paru ni plus ni moins national que dans les autres villes ou bourgs. On voit ce qui a pu motiver l'erreur du roi, et donner quelque crédit à son observation, que le correspondant du *Constitutionnel* eût commentée, comme je le fais, s'il eût été un peu plus véridique, ou s'il n'eût pas tenu à ce que son récit produisît autant d'effet.

Il en est de même du tableau qu'il a tracé de notre corps. Il n'est pas vrai que la plupart d'entre nous marchassent sans ordre, et coiffés seulement d'un bonnet de police d'infanterie. Nos casques, que nous avons rendus tous à Saint-Lô, font foi du contraire. Seulement trois ou quatre gardes par compagnie (ce qui ne donnait en totalité pas plus de douze à quinze gardes, sur *mille* que nous étions), qui au moment des troubles se trouvaient dans les dépôts de Saint-Germain et de Versailles, et avaient été chassés par la population, arrivant à Saint-Cloud en bourgeois, et voulant suivre le roi, s'équipèrent comme ils purent, les uns avec des chapeaux, les autres avec des bonnets de police que leur donnèrent des élèves de Saint-Cyr. Il y a loin de cette minorité imperceptible à la majorité imposante qui a frappé les yeux du correspondant du *Constitutionnel*: je veux la vérité avant tout. Cette vérité, que j'ai constamment dite, si elle avait animé l'habitant de Vire, lui eût inspiré plus de justice; et au lieu de nous montrer faussement marchant à la débandade, il eût parlé de l'ordre qui régnait dans la colonne, de la régularité de nos mouvemens, enfin de notre discipline, en tout semblable à celle d'un régiment. Il a ajouté encore que nous n'étions armés que de nos sabres et de nos pistolets : où a-t-il vu que la grosse cavalerie eût d'autres armes? Les grenadiers, les cuirassiers ont-ils autre chose pour se défendre : les lanciers portent des lances, les chasseurs, dragons et hussards des mousquetons, parce que ce sont autant d'armes spéciales affectées à leur institution. Lorsqu'on veut critiquer, il faut savoir ce que l'on critique.

Quant à la partie du linge, il est de fait que notre dénûment était grand, mais il est faux que nous n'eussions pas changé de chemise depuis Rambouillet. Il ne faut pas nous faire plus misérables que nous ne l'étions : la vérité suffira. Nous n'avions certes pas l'air de *fashionables* du boulevart de Gand ou d'habitués de Tortoni ; mais enfin, on était propre en-dessous, si la poussière nous empêchait de l'être en-dessus. Pour moi, dont le cheval s'était blessé à Rambouillet, et qui avais vu mon porte-manteau disparaître du fourgon où j'avais été obligé de le déposer momentanément, il m'eût été permis de ne pas changer de chemise, puisque j'étais comme un petit saint Jean, et qu'à l'impossible nul n'est tenu ; mais nous avons rencontré des magasins de lingerie sur toute la route, et les gardes qui se trouvaient dans le même dénûment que moi y ont remonté leur garderobe à deniers comptans. Il est possible cependant que le fait rapporté par le correspondant de Vire ait eu lieu à l'égard d'un de mes camarades : ce fait se serait passé également à la garnison, et dans les temps les plus tranquilles : la propreté ne se commande pas. Mais quand on parle des majorités, il ne faut jamais leur appliquer les exceptions.

On disait que sur toute la route, M. le dauphin conservait le même air que dans les circonstances ordinaires. Je sus à Vire, par un page du roi qui se trouvait souvent derrière S. A. R., que cette tranquillité n'était pas aussi grande qu'on le pensait ; que quelquefois ce prince, préoccupé par les événemens, et oubliant qu'il n'était pas seul, s'animait, parlait tout haut, et laissait même échapper quelques gestes convulsifs, qu'il réprimait bientôt en revenant à lui, et en remarquant qu'on l'observait. Il continuait alors à marcher, sans proférer ensuite aucune parole. C'était sans doute à ce ministère atroce, dont les conseils perfides avaient renversé le trône de Charles X, et détruit l'avenir de M. le dauphin, que s'adressaient les reproches du prince; et certes, aujourd'hui que ces ministres attendent la sentence que la chambre des pairs va porter contre eux, ces gens qui ont cru mener la France, comme un instituteur dompte un écolier, ne doivent pas avoir d'ennemis plus acharnés que leur propre conscience.

A mesure que nous avancions, la Normandie, cette noble et riche province, à laquelle je me fais gloire d'appartenir, se développait devant nous, et nous apparaissait resplendissante de ses moissons, et belle de ses admirables points de vue; on eût dit chaque jour un nouveau tableau du Diorama. A l'aspect de cette richesse, de ces produits immenses, de ces riantes contrées, que de pensées ont sans doute assiégé l'âme de Charles X, et que de regrets elles devaient lui causer!

Chaque jour le roi quittait en voiture la ville où nous avions couché; à une demi-lieue, on faisait halte; S. M. montait à cheval et continuait la route ainsi, jusque à peu près également une demi-lieue de l'étape, où alors elle remontait en voiture pour arriver. Voici l'ordre dans lequel on marchait :

Une avant-garde, deux compagnies de gardes-du-corps, puis les voitures des princes; dans la première, Mgr le duc de Bordeaux avec son gouverneur, les deux sous-gouverneurs et M. de la Villatte, son premier valet de chambre; dans la seconde, *Mademoiselle* avec sa gouvernante et madame la baronne de Charette; *Madame* avec son premier écuyer, son chevalier d'honneur, et madame la comtesse de Bouillé; madame la dauphine avec madame de Sainte-Maur; monsieur le dauphin, à cheval, deux de ses menins près de lui, une compagnie de gardes-du-corps; le roi, dans sa voiture, avec le capitaine des gardes de service; le maréchal duc de Raguse, à cheval derrière la voiture de S. M., ou quelquefois sur le flanc de la colonne avec ses aides-de-camp; enfin, la marche était fermée par une quatrième compagnie de gardes-du-corps.

Les voitures de suite venaient après, sous l'escorte des gendarmes des chasses. Ce corps magnifique est resté intact et dévoué jusqu'au dernier moment.

Le prince de Croï-Solre, capitaine de la première compagnie des gardes, ne se trouvait pas plus à St.-Cloud que M. le duc de Mouchy, lors de l'explosion générale; comme son collègue, il ne put nous rejoindre qu'à Rambouillet, mais du moins il n'abandonna pas, lui, ni le roi ni sa compagnie. Il ne partit pas sous le faux prétexte d'une mission que, même vraie, on ne pouvait pas accepter. Il marcha constamment à la tête des escadrons qu'il avait l'honneur de commander, établissant chaque jour le bivouac, veillant, non pas à assurer le bien-être des gardes, ce qui était impossible, mais à leur éviter le plus de privations qu'il pouvait. Il pensait, sans doute, que s'il fallait payer de sa personne, c'était dans un pareil moment, et que pour les hauts salariés aux jours du bonheur, le premier devoir était de répondre *présent* au moment de l'infortune. Du reste, nous n'avons jamais eu à nous plaindre de l'absence de M. le duc de Mouchy. Si, par suite *de hautes considérations politiques*, nous avons été privé du *bonheur* de l'avoir au milieu de nous; si notre lieutenant-commandant, M. le maréchal-de-camp comte de Nadaillac, qui se trouvait en congé, n'a pas même rejoint, ces messieurs ont été plus que remplacés par le lieutenant-major, M. le marquis de Bonneval, dont la sollicitude ne s'est pas démentie un instant, et qui, pendant tous ces jours si pénibles, a déployé une capacité, un zèle, une ardeur, que la présence de ceux que le hasard ou la faveur avaient mis au-dessus de lui, n'aurait pu qu'entraver; et cependant M. de Bonneval n'appartenait plus, pour ainsi dire, au corps: un travail signé par le roi l'avait nommé, le 18 juillet, écuyer cavalcadour et maréchal de camp en pied; mais ce travail, en tant qu'il concernait ce grade militaire, n'était point encore sorti du ministère, et au premier signal, ce bon et digne colonel s'est trouvé à son poste, au milieu de ses enfans, nom qu'il nous donnait et que nous osons dire que nous méritons tous par l'affection et la reconnaissance que nous lui portons.

Lorsque Napoléon tomba, en 1814, les salons de Fontainebleau furent bientôt vides de courtisans, et ceux du gouvernement provisoire reçurent aussitôt les fugitifs. Il en a été de même dans cette mémorable catastrophe; la désertion a été grande à St.-Cloud, elle a continué à Trianon, elle s'est achevée à Rambouillet. Là, les derniers tenaient encore, et il y avait quelque pudeur chez eux; ils voulaient attendre les événemens, espérant que la chance tournerait du côté de Mgr le duc de Bordeaux, et qu'alors ce serait un titre d'être resté. Par exemple, il ne fallait pas parler devant eux de se défendre; ils étaient tellement effrayés, que s'ils avaient vu, de bien loin, trois bourgeois réunis sur la route, ils auraient cru avoir tout Paris sur les bras. Cependant ils se lassèrent de cette fidélité qui ne rapportait rien, de cette constance à un malheur dont le trésor ne pouvait plus payer leurs viles flatteries; ils pensèrent que les premiers arrivés occuperaient les premiers emplois, et alors ils prirent leur volée, quitte à faire à la chambre des pairs, si la nouvelle royauté les repoussait, de la politique de sentiment. C'est ce qui est arrivé. Il est si doux, lorsque votre voiture vous attend au pied de l'escalier, que vous êtes sûr que votre dîner sera servi bien chaud, qu'un grand laquais est là qui vous apprête votre robe de chambre, que le soir votre loge est retenue à l'Opéra ; il est si doux, dis-je, de s'écrier qu'on aurait voulu mourir pour son roi, qu'on a laissé partir seul! Il n'y a pas le moindre danger à faire cette profession de foi; on n'a rien à espérer de la nouvelle cour, mais cela donne un air de courage, les journaux répètent votre discours, et on a vu tant d'événemens depuis quinze ans, qu'on bâtit là-dessus pour l'avenir, une chance de fortune et de faveur.

Les courtisans seront toujours les mêmes : seulement, aujourd'hui, les plus pressés de déserter sont aussi attrapés que les derniers venus. Louis-PHILIPPE ne veut pas de cour ! adieu donc les charges d'écuyers, de gentilshommes de la chambre, de chambellans, etc.: M. le comte de Girardin ne retournera pas pour la troisième fois son habit de veneur ; les chasses sont supprimées.

De cette pompeuse maison, de tous ces gens chamarrés, qui entouraient le roi à Saint-Cloud ou aux Tuileries, obstruaient les avenues, ne concevaient les faveurs que pour eux, et disputaient même *le droit* aux autres, voici tout ce que j'ai vu sur la route :

Avec le roi.

MM. le maréchal duc de Raguse, major-général de service.

Le duc de Luxembourg, le prince de Croï-Solre, capitaines des gardes, le premier *de service*.

Le comte de Trogoff, maréchal de camp, aide-de-camp du roi, gouverneur du château de Saint-Cloud.

Le comte de Lassalle, lieutenant-général, aide de camp du roi, gouverneur de Compiègne.

Le marquis de Courbon-Blenac, major des gardes-du-corps.

Le marquis de la Maisonfort, aide-major des gardes-du-corps.

Le baron de Gressot, le marquis de Choiseul-Beaupré, maréchaux de camp, aides-majors-généraux de la garde royale.

Le maréchal de camp comte Auguste de Larochejaquelein.

Le maréchal de camp baron de Crossard.

Le colonel de Fontenilles, du 1er de grenadiers à cheval de la garde royale.

Le baron Weyler de Navas, sous-intendant de la maison militaire.

MAISON CIVILE.

MM. le duc Armand de Polignac, premier écuyer du roi.

Le comte O'Hegerty, écuyer commandant.

Le vicomte Hocquart, chambellan, maître de l'hôtel.

Avec M. le dauphin.

MM. le duc de Guiche, premier menin.

Le duc de Levis, aide-de-camp de S. A. R.

Avec madame la dauphine.

Madame de Sainte-Maur, dame pour accompagner, et M. O'Hegerty fils, écuyer.

Avec MADAME *duchesse de Berry.*

M. le comte de Mesnard, premier écuyer.

M. le comte de Brissac, chevalier d'honneur.

Madame la comtesse de Bouillé, dame pour accompagner.

Avec monseigneur le duc de Bordeaux.

MM. le baron de Damas, gouverneur de S. A. R.

Le marquis de Barbançois, le comte de Maupas, sous-gouverneurs.

Avec Mademoiselle.

Madame la duchesse de Gontaut.

Madame la baronne de Charette.

J'ajouterai :

M. le comte de Châteaubriand, colonel du 4ᵉ chasseurs, et quelques officiers de la garde royale; entre autres :

MM. Jules et Amédée d'Espinay Saint-Luc, capitaines au 2ᵉ grenadiers à cheval.

D'Offémont, sous-lieutenant au même régiment.

De Bouillé, sous-lieutenant aux chasseurs.

Les noms des autres officiers de ces corps marchant avec nous me sont inconnus, et je regrette de ne pouvoir les citer. J'ai remarqué surtout un sous-lieutenant du régiment de M. de Châteaubriand : ce colonel et lui sont les deux seuls officiers de la ligne que nous ayons vus.

Certes, après cet exposé de noms, on ne dira pas que le cortége de Charles X était nombreux. Dans la maison civile,

> Si je sais bien compter,
> Il en est jusqu'à trois que je viens de citer.

Point de premiers gentilshommes de la chambre : le public les a retrouvés à la chambre des pairs, il est vrai, mais le roi n'en a plus eu depuis Rambouillet. Rien de la vénerie, des cérémonies, de la garderobe, enfin des divers services de la maison civile... L'écurie était représentée par les deux sommités : un écuyer cavalcadour nous a suivis cependant jusqu'à Dreux, mais le roi l'a renvoyé lui-même : c'est le brave général Vincent, que nous avons bien su apprécier pendant le peu de temps que nous nous sommes trouvés sous ses ordres, et qui a emporté tous nos regrets ; on dit que c'est sa conduite aux avant-postes le jour de l'échauffourée du colonel Poques, et l'ordre qu'il avait donné de faire feu, qui ont mécontenté le roi, et ont fait remercier le général Vincent avant le terme du voyage. Le général avait agi cependant selon les lois de la guerre, et d'ailleurs c'est l'obstination du colonel à rester sous le feu qui a causé sa fatale blessure, puisqu'il pouvait s'éloigner, comme le baron Vincent lui en intimait le commandement.

A Vire, on dit qu'un rassemblement des environs se porte sur nous, voulant enlever le maréchal Marmont, auquel on reproche les massacres de Paris. Déjà sur toute la route on ne nous a parlé de lui qu'avec une sorte de rage concentrée. Il inspire une horreur universelle : mais comme il est compris dans le sauf-conduit du roi, on sent bien qu'on ne peut l'empêcher de suivre Charles X, et la haine s'exhale en regrets et en imprécations. Les commissaires, instruits, assure-t-on, du mouvement des campagnes, ont fait venir de Caen un bataillon et quelques pièces de canon. Ces troupes couvrent notre position, et le mouvement n'a pas lieu, mais le maréchal a été prévenu qu'on a désigné son costume, et jusqu'aux quatre plaques d'ordres qu'il porte habituellement. Il en ôte trois, et ne continue plus la route qu'avec une seule. Je n'ai pas remarqué si c'était celle du Saint-Esprit ou de la Légion-d'Honneur.

12 AOUT.

Nous nous dirigions sur Saint-Lô, lorsqu'avant d'arriver à cette ville nous fûmes rejoints par une voiture qui en venait. Elle contenait trois personnes, parmi lesquelles était M. le prince de Léo; les deux autres étaient, m'a-t-on dit, M. le comte de Bourbon-Busset et M. le comte d'Estourmel, ex-préfet de la Manche, en habit de gentilhomme de la chambre. Ces messieurs causèrent un instant avec le roi, et le devancèrent ensuite à l'étape.

Les drapeaux tricolores que nous rencontrions sur la route étaient étonnans par leur quantité. Point de village, si mince qu'il fût, dont le modeste clocher n'offrît ce drapeau. Quelquefois on rencontrait un arbre de la liberté avec les trois couleurs au sommet, mais cette marque un peu républicaine était très rare.

A l'entrée de Saint-Lô, le drapeau national

flottait au haut d'une croix posée à la suite d'une mission. Nous vîmes là le 6ᵉ léger qui avait la cocarde tricolore : c'est le premier régiment qui se soit trouvé sous les yeux du roi avec ce signe nouveau. Lorsque nous passâmes sur la place, devant le poste de la prison, il ne prit pas les armes. Il en avait sans doute reçu l'ordre du commandant de la subdivision, car sans cela il eût manqué à la première règle du service, qui veut que lorsqu'une troupe armée passe en vue d'un poste, celui-ci prenne les armes pour sa sûreté. Or, il devait le faire pour nous, s'il ne le faisait pour celui dont quinze jours auparavant il révérait le nom et suivait encore les lois.

Le soir nous eûmes une alerte ; on nous prévint que l'on craignait quelque chose pour la nuit ; et les gardes qui avaient des billets de logement pour la ville reçurent ordre de coucher au bivouac, près de leurs chevaux. La plus grande partie obéit, et l'alerte n'eut pas de suite. Nous ne sûmes le mot de l'énigme que le lendemain à Valognes. Le voici :

Le général Hulot avait mis en mouvement la garde nationale de Cherbourg et de Valognes, et l'avait dirigée sur Carentan, avec deux pièces de canon : on avait persuadé à ces braves gens que le roi arrivait avec des Suisses, indépendamment de nous. Ils étaient donc venus dans l'intention de respecter le sauf-conduit que Charles X tenait du gouvernement, mais déterminés à lui servir *seuls* d'escorte jusqu'à son vaisseau, ne voulant pas que les Suisses vinssent plus loin; et je crois même qu'ils auraient été bien aises que nous nous fussions aussi arrêtés là. Dans le cas où le roi n'eût pas voulu accéder à cette proposition, ils étaient décidés à nous barrer le passage et à se défendre dans Carentan, petite ville qui a été fortifiée jadis, et qu'ils pouvaient d'ailleurs d'autant mieux mettre à l'abri d'un coup de main, que nous n'étions que de la cavalerie, qu'ils avaient du canon et que nous n'en avions pas. L'alerte qu'on nous avait donnée provenait de la crainte que l'on conçut à Saint-Lô de les voir marcher sur cette ville. Mais la sagesse et la présence des commissaires calmèrent encore ce mouvement ; et lorsque le lendemain,

13 AOUT,

nous arrivâmes à Carentan, où nous ne séjournâmes pas, doublant l'étape, qui fut ce jour-là de quatorze lieues, ils avaient déjà évacué la ville et étaient à Valognes, où nous arrivâmes à près de six heures du soir. Là un de mes camarades, M. Durand, avec lequel j'étais, rencontra, dans un garde national de Cherbourg, M. Charles

Noël, négociant, un ancien camarade de collège. Aussitôt qu'ils se furent reconnus, nous nous trouvons tous les deux amenés, tant par M. Noël que par quelques uns de ses amis, à l'hôtel du Louvre, où ils voulurent absolument nous traiter; et nous voilà installés entre sept à huit cocardes tricolores. Accueil franc, cordial, vins de Bourgogne, de Champagne, excellent dîner, tout nous fut prodigué ; et cependant les personnes qui nous recevaient avec tant d'amitié le soir, nous auraient envoyé des balles le matin si l'affaire se fût engagée. Toute la guerre civile et le caractère français sont dans cette anecdote.

Ces messieurs nous laissèrent craindre cependant que nous n'entrassions point à Cherbourg. La population de cette ville, nous dirent-ils, désire que le roi se confie *seul* à son honneur. Elle regarderait comme une preuve touchante de confiance qu'il n'eût d'autre escorte que la garde nationale, qui répondrait sur sa tête de la conservation du monarque et de celle de son auguste famille. On traite même pour cela, ajoutent-ils ; mais dans tous les cas si nous entrons à Cherbourg et si nous y logeons, ces messieurs nous offrent pour nous et nos amis les plus intimes, des chambres chez eux. M. Lebuhotel, avocat, se charge de moi; et quoique cette proposition n'ait pu avoir de suite, comme on le verra plus loin, je n'en ai pas moins de reconnaissance que s'il m'eût été possible d'en réclamer l'exécution.

Un ancien capitaine de mon régiment, maintenant dans la garde, M. Amédée d'Espinay Saint-Luc, me dit que le 16ᵉ chasseurs, à la nouvelle des événemens, a perdu presque tous ses officiers, qui ont donné leur démission : mais on lui avait exagéré le mal, comme cela se pratique ordinairement. Plus tard, à Paris, j'apprends, par un officier de ce régiment que je rencontre, que cette retraite se borne à treize personnes : le lieutenant-colonel, cinq capitaines, sept lieutenans ou sous-lieutenans. C'est déjà bien honnête pour un seul corps.

14 AOUT.

Nous faisons séjour en attendant que les bâtimens qui doivent porter le roi et sa suite soient prêts. A Saint-Lô, on nous avait donné 40 francs, ici on nous complète la solde de juillet; les 84 francs que nous avons reçus avant sont imputables sur le mois et demi de gratification qui nous a été accordé comme à l'armée, par un ordre du jour de Saint-Cloud du 30 juillet, mais que seuls nous n'avons pas encore touché.

15 AOUT.

M. le comte de Bouillé, aide-de-camp du roi,

arrivé le matin. Il n'est pas encore descendu de voiture, que déjà le bruit court dans la ville qu'il apporte la nouvelle qu'on se bat encore à Paris, le parti républicain ne voulant déjà plus du roi Louis-PHILIPPE Ier.

A onze heures, chaque compagnie remet son étendard au roi. Elle est introduite à son rang d'ancienneté dans le salon de S. M., où se trouvent réunis le roi, M. le dauphin, madame la dauphine, MADAME duchesse de Berry, M. le duc de Bordeaux et Mademoiselle. Chaque étendard est escorté par les six gardes plus anciens de chaque compagnie. Il est impossible de rendre tout ce que cette scène a de pénible et de touchant : des larmes coulent de tous les yeux : le roi, d'une voix étouffée par les sanglots, remercie tour à tour chaque compagnie de la fidélité sans exemple que les gardes lui ont montrée : il dit « qu'il reçoit nos étendards sans ta-
« che, et qu'il espère que M. le duc de Bordeaux
« nous les rendra de même... »

Le soir, on nous remit à chacun, par le commandement de S. M., un imprimé de la pièce suivante :

ORDRE DU JOUR.

Le roi, en quittant le sol français, voudrait pouvoir donner à chacun de ses gardes-du-corps, et à chacun de MM. les officiers et soldats qui l'ont accompagné jusqu'à son vaisseau, une preuve de son attachement et de son souvenir.

Mais les circonstances qui affligent le roi ne lui laissent pas la possibilité d'écouter le vœu de son cœur : privée des moyens de reconnaître une fidélité si touchante, S. M. s'est fait remettre les contrôles des compagnies de ses gardes-du-corps, de même que l'état de MM. les officiers-généraux, supérieurs et autres, ainsi que des sous-officiers et soldats qui l'ont suivi : leurs noms, conservés par M. le duc de Bordeaux, demeureront inscrits dans les archives de la famille royale, pour attester à jamais et les malheurs du roi, et les consolations qu'il a trouvées dans un dévouement si désintéressé.

Valognes, le 15 août 1830.

CHARLES.

Le major général,

MARÉCHAL DUC DE RAGUSE.

Pour copie conforme :

Le capitaine des gardes, etc.

Et plus bas :

Par ordre du roi,

A M...... garde-du-corps de la compagnie de ....

Cette pièce, que nous conservons tous avec un

respect religieux, est un brevet d'honneur pour nous et nos familles.

Ce n'est qu'à Valognes que j'ai eu pour la première fois des nouvelles de ceux que j'avais laissés à Paris, et dont le sort m'avait donné tant d'inquiétudes. Depuis le commencement des troubles, je ne savais rien : dix-sept jours de silence! quelle situation! Enfin un mot répara tout : tout le monde se portait bien, personne n'avait souffert, qu'un peu de la peur : des femmes, cela est excusable. De quel poids ces heureuses nouvelles me débarrassèrent ! Ce n'est que de ce jour que je pus renaître complétement à la vie.

J'avais sollicité l'honneur de prendre congé de M. le dauphin, de madame la dauphine et de *Madame*. Mes lettres avaient été remises par M. le comte de Faucigny-Lucinge, un de mes officiers supérieurs, qui avait bien voulu s'en charger. Je m'attendais à être appelé, je ne le fus pas, et je le regrette encore aujourd'hui. Je n'avais rien à demander, je ne voulais que faire entendre le langage d'une reconnaissance sincère. Comblé de bontés par les princes, il me semblait que s'il était un moment où mon cœur devait leur exprimer tout ce que leur haute bienveillance m'inspirait de gratitude, c'était celui où nous étions sur le point de nous séparer

5.

d'eux, sans espoir, hélas! de les voir revenir. Quand on est malheureux, les accens de la reconnaissance ont encore quelque chose de plus doux que lorsque l'on est porté au faîte des grandeurs : alors on a tant de flatteurs, qu'il est bien difficile de distinguer le langage de la vérité, des basses adulations dont on est l'objet. Quoi qu'il en soit, s'il ne m'a pas été permis de leur exprimer cette reconnaissance, je la consignerai ici, et certes personne ne pourra me blâmer de regretter des princes qui m'ont fait tant de bien. Ces regrets n'ont rien de séditieux : ils partent du cœur. Ce n'est point le faste d'une douleur de commande, c'est l'expression d'une âme vraiment pénétrée, ce sont les derniers vœux d'un obligé qui vient pleurer sur la tombe de ses bienfaiteurs. Ils ne peuvent plus rien, voilà pourquoi je parle : malheureux, ils m'ont trouvé jusqu'au dernier moment prêt à leur faire un rempart de mon corps, à payer ainsi de mon sang tous leurs bienfaits ; si j'avais le moindre espoir de leur retour, loin de proclamer si haut ma reconnaissance, je me tairais, car je n'ai jamais trafiqué, Dieu merci, de mes sensations, et je ne suis pas de ces gens à qui nos convulsions politiques ont appris, au juste, tout ce qu'un regret peut rapporter.

16 AOUT.

Ce jour fut le plus pénible de tous. Nous allions atteindre le but de notre voyage : quelques heures encore, et notre tâche était remplie. Plus nous avancions dans les jours de cette douloureuse escorte, et moins je pouvais me persuader de la réalité de notre position. Il me semblait que tout ce qui s'était passé était un rêve. Il m'était impossible de me mettre dans la tête que la monarchie était détruite, que Paris pendant trois jours avait été à feu et à sang, et que les Bourbons quittaient encore une fois la France. Quand le roi passa devant nous, son costume me ramena à la vérité. Jusqu'alors Sa Majesté avait marché revêtue de l'habit qu'elle portait depuis son avénement au trône : c'était un habit bleu, coupé militairement, avec deux grosses épaulettes en or, surmontées de la couronne royale, la croix d'officier de la légion d'honneur, celle de Saint-Louis, et la plaque de l'ordre du Saint-Esprit. Aujourd'hui le roi avait quitté ces insignes et pris l'habit bourgeois. Il en était de même de Monsieur le dauphin, qui, seulement, avait mis à sa boutonnière un ruban rouge. Le roi n'en avait point. M. le dauphin avait également eu jusque-là l'ancien costume militaire qu'il portait aux Tuileries ou à Saint-Cloud : c'était celui de son régiment de cuirassiers (numéro deux), habit bleu de roi, collet cramoisi, boutons blancs, épaulettes en argent : comme Sa Majesté, des insignes d'ordre, placés de cette manière : la croix de Saint-Louis, le Lis, le Brassard de Bordeaux (décoration commémorative de son entrée dans cette ville le 12 mars 1814), et la croix d'or de la Légion-d'Honneur ; enfin, ainsi que Sa Majesté, la plaque de l'ordre du Saint-Esprit.

M. le duc de Bordeaux était comme à l'ordinaire ainsi costumé : chemise à collerette, rabattant sur une petite veste bleu clair ; pantalon blanc boutonnant sur la veste, chapeau gris, point de décoration. Son Altesse Royale ne devait en porter que le jour de sa première communion, où le roi (suivant l'usage pour la branche aînée), lui aurait remis le cordon bleu et la croix de Saint-Louis. Le jeune prince a vu cette cérémonie à la Pentecôte dernière, pour M. le duc de Nemours, qui n'a été fait chevalier du Saint-Esprit qu'à quinze ans, comme prince du sang. Il songeait peut-être que son tour à lui arriverait dans deux ans, et ne se doutait certainement pas, alors, plus que bien des gens en France, qu'avant trois mois il partirait pour l'exil, tandis que le récipiendaire hériterait presque de son rang. A Saint-Cloud, le dimanche, M. le duc de Bordeaux portait le costume de son régiment de cuirassiers (n° 3); habit-veste bleu de roi, collet aurore, épaulettes (de colonel) en argent. Mais pendant toute la route, même à Rambouillet, et lorsque l'on parlait de le proclamer roi de France, on ne le lui a pas fait prendre un seul instant.

J'ai lu dans des journaux qu'on l'avait traité de *Sire*, de *Votre Majesté* : cela est faux : le roi seul a toujours voyagé et a été traité comme roi ; et l'on n'a jamais appelé M. le duc de Bordeaux que *Monseigneur* et *Votre Altesse Royale*, comme on le faisait à Saint-Cloud.

La route était encore plus morne et plus silencieuse que de coutume. Le *Constitutionnel* a appelé la suite de Charles X un convoi. Jamais mot n'a pu nous être mieux appliqué que ce jour-là : c'était en effet un enterrement politique ; c'étaient presque des funérailles royales, avec moins de pompe mais avec plus de regrets qu'à Saint-Denis. Le moment approchait où nous allions saluer pour la dernière fois des princes, un roi que nous étions habitués depuis si long-temps à voir, à escorter, à aimer ! Cette douleur qu'ils ne cachaient pas augmentait la nôtre. Ce roi, dépouillé même du simple costume qu'il portait habituellement, et prêt à arriver à ce navire étranger qui allait le transporter encore une fois chez les Anglais, toute cette famille si innocente des crimes qui ont été commis en son nom par des ministres aussi ineptes que perfides, entassée pour la première fois dans la même voiture, et livrée à d'amères pensées; cette jeune et intéressante princesse, née pour les plaisirs, soutien des beaux-arts aux jours de sa puissance, et qui voyait aujourd'hui contester la légitimité de son fils, après avoir vu tomber le père sous les coups d'un exécrable assassin, cette femme née pour le bonheur, et dont l'existence n'a encore été abreuvée que d'ennuis et de chagrins, tout cela remuait le cœur, ne laissait de place qu'à la tristesse; on pleurait, et ces larmes-là devaient avoir quelque chose de touchant pour ceux qui en étaient l'objet, car il n'y avait plus de courtisans auprès d'eux; il ne restait que quelques serviteurs fidèles, que quelques soldats dévoués.

A peu près au milieu du chemin on fit une halte très courte. Le roi, M. le dauphin, MADAME, M. le duc de Bordeaux et *Mademoiselle* descendirent un instant et causèrent entre eux. Bientôt on sonna *à cheval*. Ceux qui avaient mis pied à terre aussi regagnèrent leurs rangs, le roi et les princes remontèrent en voiture, et l'on allait partir, quand madame la dauphine, qui avait marché un peu en avant et s'était arrêtée dans une ferme avec madame de Sainte-Maur, nous rejoignit. Nous crûmes que Son Altesse

Royale allait regagner sa voiture ; déjà nous rangions nos chevaux pour lui faire place, quand elle s'écria : « Non ! non ! je vais monter dans la voiture du roi. » On baissa le marche-pied, et la famille royale se trouva au complet.

Au haut de la côte qu'il faut descendre pour entrer à Cherbourg, la mer s'offrit à nos yeux pour la première fois depuis ce voyage. Nous contemplâmes cette surface liquide dont les flots allaient bientôt emporter notre roi. Des voiles étaient tendues au loin ; peut-être étaient-ce celles des bâtimens de l'état chargés d'escorter Charles X jusqu'à sa destination, de ces bâtimens presque ennemis aujourd'hui, et que quelques jours auparavant il appelait les siens et voyait marcher sous ses couleurs.

Au bas de la côte, et à l'entrée de la ville, un mouvement d'hésitation se fit remarquer à la tête de la colonne. La compagnie de Croï fit halte, et nous dûmes en faire autant. Le roi, étonné de ce mouvement qu'il n'avait point ordonné, s'informait déjà de ce qui pouvait arriver, quand M. le marquis de Courbon, major des gardes, accourut à la portière de la voiture de Sa Majesté. « Eh bien ! qu'y a-t-il donc ? dit Charles X au général. — Sire, un rassemblement assez considérable s'est formé au bas de la côte, en avant de la ville, mais il ne manifeste pas d'intention

hostile. — Marchez toujours, répliqua le roi. »
M. de Courbon s'inclina, puis parla bas au maréchal Marmont. Craignait-il pour lui? je l'ignore; mais le duc de Raguse, qui s'était tenu jusque-là à la portière de droite, se plaça sur-le-champ derrière la voiture, et n'en bougea pas pendant la traversée de la ville.

Les gardes des autres compagnies n'eurent pas toujours à se louer, sur la route, à ce qu'il paraît, de la conduite et des égards des officiers supérieurs. Le bruit circula qu'un d'entre eux, qu'ils n'estimaient nullement, avait osé dire au roi que c'étaient les officiers qui avaient entraîné les gardes sur ses pas, et que sans eux il serait arrivé à Cherbourg dénué de toute escorte. Cette calomnie avait d'autant mieux monté la tête de quelques gardes, qu'ils savaient bien qu'eux seuls avaient au contraire déterminé la conduite de leurs chefs, dont la fidélité, jusque-là si largement rétribuée, eût été plus que chancelante, sans l'exemple qu'ils leur donnaient. Ils s'en expliquèrent très énergiquement avec l'officier auquel le propos avait été attribué, et qui s'empressa de le nier, mais qui eut à essuyer des épithètes au moins mortifiantes, qui lui prouvèrent l'idée peu favorable qu'il avait donnée à ses inférieurs, de son caractère et de son courage.

Si le propos dont on se plaignait avec raison a été tenu, il a été bien relevé par l'élan du respectable général comte de Pellan, lieutenant-major de la compagnie de Gramont. A Valognes, le roi, en lui témoignant toute sa reconnaissance de la fidélité qu'il lui montrait, lui disait qu'il craignait cependant que sa santé ne fût altérée par suite des fatigues de ce voyage, dont à son âge (le général a, je crois, 78 ans), il aurait pu se dispenser, sans que S. M. doutât de son dévouement et de ses bons sentimens. « Ah! sire! s'écria M. de Pellan en se retournant vers les gardes et en les montrant au roi, j'ai été emporté par cette jeunesse. »

Chaque jour nous avions rencontré des gens qui voyaient passer avec attendrissement cette royale famille, et dont les larmes ont dû prouver à Charles X qu'il laissait encore des regrets en France. L'aspect des enfans, surtout, produisait la plus vive impression : leur jeunesse, ce malheur qui les frappait, pour ainsi dire, avant que leur raison ne pût le concevoir; tout cela touchait le peuple; mais jamais ce mouvement ne fut plus vif qu'à Cherbourg. Je me rappelle surtout une bonne paysanne, à laquelle son mari disait, au milieu de la côte, au moment de la halte : « Viens donc, viens par ce petit chemin, nous serons là-bas plus tôt qu'eux.—Laisse-moi, laisse-moi donc les voir à mon aise, répondait cette femme en sanglottant, surtout ces pauvres petits enfans! Ah! mon Dieu, si jeunes, et déjà si à plaindre!

A l'entrée de Cherbourg, nous rencontrâmes sur notre passage un capitaine du 64ᵉ de ligne qui n'était pas de service; cet officier, en voyant passer le roi, ôta, par un mouvement subit, son schakos de dessus sa tête, et le mit derrière lui, pour cacher à Charles X la cocarde tricolore qu'il portait; ce mouvement de délicatesse et de convenance ne pouvait partir que du cœur d'un honnête homme et d'un brave soldat.

Le port était couvert de vaisseaux pavoisés aux trois couleurs. Je ne vis là qu'un navire étranger qui avait arboré le pavillon autrichien. La ville nous offrit également beaucoup de drapeaux tricolores. Je remarquai cependant deux croisées où les couleurs nationales avaient été arborées, sans doute, jusqu'à ce moment; mais, pour le passage de Charles X, on les avait enlevées, et il ne restait que le bâton du drapeau.

Au moment où nous entrions dans l'arsenal de la marine, un cri de *vive la Charte!* se fit entendre. Ce cri isolé est le seul qu'on ait proféré devant Charles X pendant toute la durée du voyage. Le 64ᵉ de ligne bordait la haie; les soldats présentèrent les armes au roi, et les officiers le saluèrent du sabre. Quelques-uns pleuraient ; l'attitude de ce brave régiment, cette compassion pour un roi tombé, ces honneurs militaires qu'il lui rendait sans ordres et de son propre mouvement, ces sentimens qui s'identifiaient si bien avec les nôtres, tout cela formait un spectacle, un mélange de douces et de tristes pensées qui parlaient à l'âme. Bientôt nous nous trouvâmes devant le bassin du cha tier et en face des deux bâtimens américains le *Great-Britain*, et le *Charles-Caroll*, (c'est ainsi qu'on me les désigna), frétés pour transporter en Angleterre Charles X et son auguste famille. Le roi et les princes mirent pied à terre et descendirent dans le premier de ces navires. Quelques gardes se précipitèrent sur leur passage pour les voir encore une fois. *Madame* se trouva mal, dit-on, aussitôt qu'elle fut dans le vaisseau. On se hâta de transporter sur les bâtimens les malles, etc., du roi, des princes, ou de la suite. Je l'avouerai, parmi le peu de personnages qui s'embarquèrent avec les Bourbons, celui qui produisit sur moi l'impression la plus vive, fut le général Larochejaquelein; son frère Henri mourut pour le roi en 1793; Louis en 1815; et lui, qu'on ne voyait jamais à la cour aux jours de la faveur, dont les services n'avaient point été récompensés selon leur importance, lui dont la fidélité importune offusquait, à St-Cloud, les valets à gros gages, il était là, toujours présent, noble débris d'une famille héroïque, et il s'expatriait avec ses maîtres malheureux, avec ses maîtres abandonnés de tous leurs courtisans, déjà courbés devant le roi Louis-Philippe, et ralliés aux couleurs qu'ils avaient présentées à Charles X comme un symbole du retour de 93.

Un fait assez remarquable, c'est que le hasard voulut que les bâtimens frétés pour Charles X appartinssent à M. Patterson, beau-père de Jérôme Napoléon. A 2 heures 1/4, les capitaines de ces navires firent retentir les airs de leurs commandemens ; les voiles se tendirent, les vaisseaux sortirent du port sous l'escorte d'une corvette et d'une gabarre de l'état, et notre mission se trouva accomplie : le roi et les princes avaient quitté le sol français.

Aussitôt les officiers supérieurs, et tous ceux qui portaient des chapeaux, ôtèrent leurs cocardes blanches. Ce signe d'un gouvernement proscrit avait failli, une heure auparavant, être fatal aux deux officiers d'ordonnance du duc de Luxembourg, que l'on avait envoyés en avant. Des marins, à ce qu'il paraît, avaient menacé de les jeter à la mer, s'ils n'ôtaient pas leurs cocardes, mais ils avaient fait bonne contenance, déclarant que tant que le roi serait en France, et qu'ils marcheraient avec lui, ils conserveraient ses couleurs, et ne les quitteraient, selon l'ordre donné, qu'après son départ. Le 64e était intervenu, et cette échauffourée n'eut pas de suite.

La ville de Cherbourg avait demandé à nous garder un jour, mais les commissaires craignirent probablement quelque querelle avec la marine : nous ne mîmes donc pas pied à terre, car à peine le roi fut-il en pleine mer, que nous rompîmes par la gauche, et reprîmes le chemin de Valognes. A la sortie de l'arsenal nous fûmes assaillis par une tronpe d'enfans, qui criaient *vive la Charte! vive la Liberté!* mais nous ne faisions point attention à ces cris, à peine même frappèrent-ils nos oreilles : l'imagination encore remplie du tableau qui venait de s'offrir à nos regards, lui seul occupait à la fois notre cœur et notre esprit.

Tel est le récit succinct et surtout véridique de ce qui s'est passé depuis le 26 juillet, époque de la publication des ordonnances, jusqu'au 16 août, jour de l'embarquement du roi. Ce que j'ai encore à dire ne concerne plus que nous; mais comme notre licenciement s'effectua peu de jours après, je crois devoir l'ajouter, comme une sorte de complément à ce journal, et je ne pense pas qu'on me sache mauvais gré de parler des dernières actions d'un corps qui jusqu'au bout s'est montré fidèle et dévoué, et a répondu à ce que l'on attendait de lui. En effet, en escortant notre malheureux maître jusqu'à Cherbourg, nous n'avons fait que notre devoir : si dans les jours de sa grandeur nous avions le privilége de garder spécialement son auguste personne, ce privilége devenait plus solennel, plus sacré dans le malheur. Avant le 26 juillet, notre corps était le premier autour du roi, et c'est avec orgueil que le 16 août nous étions les derniers avec lui.

En rentrant à Valognes, nous trouvâmes une proclamation que le maire avait publiée en notre absence. Il remerciait les habitans de l'accueil bienveillant qu'ils nous avaient fait, les engageant à nous conserver nos logemens pour ce même jour, ou pour le lendemain, si la demande réitérée de la ville de Cherbourg était accueillie, et terminait sa proclamation par ces mots: « Vous avez obligé des officiers pleins d'honneur, qui en sont vivement reconnaissans. »

Nous avons été traités de même sur toute la route. Bourgeois, autorités, tous ont rivalisé d'égards, d'attentions : on a compris parfaitement notre position ; aussi avons-nous à nous louer de tout le monde, excepté des aubergistes qui nous ont échorchés tous le plus qu'ils ont pu.

17 AOUT.

Nous couchâmes à Carentan. Avant d'y arriver, nous vîmes passer une voiture, dans laquelle étaient M. le duc de Guiche et M. le duc de Levis, se rendant à Paris.

18 AOUT.

Entre Carentan et Saint-Lô, nous nous croisâmes avec M. Alissan de Chazet, qui était en cabriolet, et qui se rendait à sa recette de Valognes. A notre arrivée à Saint-Lô, nous apprîmes que M. de Polignac était arrêté, et se trouvait dans la prison de cette ville. Amené de Granville, où il avait été saisi, on avait eu toutes les peines du monde à le soustraire à la fureur des paysans, qui l'accusaient d'avoir soudoyé les incendiaires de la Normandie, et voulaient à toute force l'écharper. Voici les détails qu'on me donna sur l'arrestation de ce fameux personnage. S'ils sont vrais, ils prouvent une grande imprévoyance.

M. de Polignac était à la suite de madame Lepelletier de Saint-Fargeau, déguisé en domestique; mais à Granville, il prit ou se laissa donner la plus belle chambre de l'auberge, et madame de Saint-Fargeau se contenta de l'autre.

L'ex-ministre avait, en outre, gardé des bagues de prix à ses doigts, et il tirait souvent de sa poche une belle tabatière en or. Cette opulence, ces égards de sa prétendue maîtresse pour lui, le ton de hauteur qu'il prit en parlant à des rouliers, tout éveilla l'attention : un de ces rouliers, au milieu des réflexions qu'on faisait, s'avisa de dire : « Si c'était Polignac! » Sur ce mot, on arrêta l'ex-ministre sans le connaître, et il se trouva effectivement que c'était lui.

M. de Polignac était gardé à vue dans sa chambre par un officier de ligne et un officier de la garde nationale. Un poste composé de ces deux armes veillait à l'extérieur, et des sentinelles extraordinaires étaient posées tout autour de la maison d'arrêt.

19 AOUT.

Nous rendîmes nos chevaux, nos casques, nos pistolets, nos bandoulières et nos gibernes. On ne nous laissa que le sabre, le manteau et le porte-manteau. Les cavaliers du dépôt de remontes de Caen, qu'on avait envoyés pour prendre les chevaux, s'extasiaient sur leur beauté, sur leur force, car, malgré la route que nous avions faite et le peu de soins qu'ils avaient reçus, ils étaient encore fort bien; aussi l'un de ces hommes disait-il, à côté de moi : « Si l'on donne ces chevaux-là à un régiment entier, les soldats seront mieux montés que les officiers. »

22 AOUT.

On s'occupait activement de notre licenciement, confié par les commissaires aux soins de M. le général baron de Gressot et de M. le baron de Weyler, sous-intendant de la maison militaire. Ces deux fonctionnaires mettaient tout leur zèle à l'accélérer, et les gardes conserveront une profonde reconnaissance de tout ce qu'ils ont fait pour eux. Pleins de sollicitude pour nos intérêts, ils n'ont cessé de plaider en notre faveur toutes les fois que nos droits le demandaient, et leur interposition nous a été d'une grande utilité. A travers les opérations si longues et si minutieuses d'un licenciement, ils trouvaient encore moyen d'écouter les réclamations qu'on leur adressait; et si ce licenciement s'est opéré avec autant de promptitude, c'est au zèle et à l'activité qu'ils ont déployés que nous devons uniquement d'avoir vu se terminer en moins de huit jours une opération qui, avec des fonctionnaires moins intelligens, moins capables, aurait pu durer deux mois.

A neuf heures du soir, le feu prit dans la partie basse de la ville, chez un fabricant de *droguets*. Comme la maison était couverte en chaume, le feu s'éleva rapidement. On battit la générale, et tout le monde se porta avec empressement vers le lieu du danger. Les gardes-du-corps ne furent pas les derniers à se rendre au poste où ils pouvaient être utiles : ils travaillèrent efficacement à se rendre maîtres du feu, et finirent par voir leurs efforts couronnés de succès : mais que ne peut l'esprit de malveillance ! Pendant qu'ils étaient à combattre l'incendie, et qu'ils avaient quatre des leurs blessés dans cette bagarre, on disait dans la ville qu'ils avaient eux-mêmes allumé le feu, afin dans le tumulte de faire sauver M. de Polignac !

Le surlendemain, une proclamation nous vengea de cet infâme bruit, et apprit à la ville que, non contens d'avoir aidé les citoyens du secours de leurs bras, les gardes avaient encore fait entre eux une collecte au profit des incendiés, laquelle s'était montée à deux mille soixante-dix francs, qui avaient été remis aux autorités de Saint-Lô.

23 AOUT.

A quatre heures, M. le général baron de Gressot et M. le baron Weyler de Navas passèrent la revue de la compagnie, en constatèrent l'effectif, qui était de deux cent quarante-quatre personnes, officiers supérieurs, inférieurs et gardes compris, puis ils prononcèrent notre licenciement. Avant de se quitter, on s'embrassa en pleurant. Les vieux soldats comprendront cette douleur : ils savent ce que c'est que de se séparer de camarades avec lesquels on est habitué à vivre; c'est comme une famille qui se disperse, ne sachant quand ni où ses membres se rejoindront. On nous remit en même temps à chacun un exemplaire de l'ordre du jour suivant, rédigé par M. Odillon-Barrot.

ORDRE DU JOUR.

MM. les commissaires délégués pour accompagner le roi Charles X et sa famille jusqu'à Cherbourg éprouvent le besoin, au moment où leur mission vient de se terminer, de rendre témoignage de la conduite loyale et honorable que MM. les gardes-du-corps ont tenue dans cette grave circonstance. Appelés à remplir un devoir d'honneur et de fidélité, ils ont su parfaitement concilier les exigences de ce devoir avec le respect dû au gouvernement établi. MM. les commissaires se plaisent à déclarer que c'est à ce sentiment de réserve et de convenance qu'ils doivent, en grande partie, d'avoir heureusement accompli une mission dont l'issue importait tant à l'honneur de la France.

Fait à Saint-Lô, le 18 août 1830.

Signé : Le maréchal marquis MAISON.

DE SCHONEN, ODILLON-BARROT.

On m'assure aujourd'hui que les commissaires, qui nous quittèrent le 19 août, avaient été voir M. de Polignac dans sa prison, et que M. de Schonen lui ayant dit : « Eh bien! prince, vous avez perdu une belle partie », M. de Polignac répondit : «Monsieur, je prendrai ma revanche!»

Nous fûmes payés de tout ce qui nous était dû jusqu'au 25 août inclus, époque à dater de laquelle nous sommes entrés en traitement de non-activité. Voici la teneur du congé qui nous fut délivré :

ROYAUME DE FRANCE.

Gardes-du-corps.

Compagnie de......

CONGÉ ILLIMITÉ.

NOUS, COMMISSAIRES DE S. M. LOUIS-PHILIPPE I*er*, ROI DES FRANÇAIS, pour accompagner le roi CHARLES X, autorisons, en vertu des pouvoirs qui nous sont délégués, M. ..... (*le nom et les prénoms*), garde de .... (*le numéro de la classe*), à la compagnie de ..... (*nom de la compagnie*), (*ici le grade effectif dans l'armée*), à se rendre dans ses foyers, après avoir préalablement remis, sous la surveillance de M. l'intendant militaire baron Weyler de Navas, à la personne que nous aurons désignée à cet effet, le cheval qu'il monte, avec l'équipement complet (à l'exception du manteau et du porte-manteau), ainsi que les objets ci-après indiqués ;

SAVOIR :

Le casque.

La bandoulière et la giberne.

Le sabre. (*Il lui sera toutefois laissé, s'il désire le conserver.*)

Les pistolets.

Cet officier, s'il n'est pas rappelé au service, ou admis à la retraite, jouira, jusqu'à ce que le roi en ait ordonné autrement, de la moitié de la solde du grade dont il est pourvu, ou de celui au brevet duquel il a droit, conformément à l'ordonnance du 11 du mois courant.

Ses appointemens lui ont été payés jusqu'au 25 du présent mois, inclusivement.

A Saint-Lô, ce 24 août 1830.

Pour les commissaires du roi, et par leur ordre,

Le général baron DE GRESSOT.

Commissaires délégués pour la conduite du roi.

Vu par nous, sous-intendant militaire, faisant fonctions d'intendant.

Saint-Lô, le 24 août 1830.

Baron WEYLER DE NAVAS.

Le 24 au matin je partis de Saint-Lô, et le 25 au soir j'étais à Paris, et j'embrassais ma famille, pour laquelle j'avais tant tremblé, et que j'étais heureux de revoir enfin, après tant de traverses, pur, la conscience satisfaite et l'honneur intact.

A Dieu ne plaise que nous soyons encore troublés par d'aussi déplorables événemens! Cette révolution sans exemple est une grande et imposante leçon pour les souverains! Celui que les Français ont appelé à régner sur eux ne s'entourera jamais de conseillers perfides; il saura distinguer facilement le langage de la flatterie, de celui de la vérité : déjà il a fermé ses salons à cette classe parasite sans cesse alléchée par l'appât des traitemens, et attachée aux rois comme les chenilles aux arbres qu'elles pourrissent; qu'il les éloigne toujours, *ces chiens de palais*, sous quelque forme qu'ils se présentent, car ils sont bien capables d'emprunter même celle du désintéressement, sûrs d'y trouver plus tard leur compte; et si, ce que je ne crois pas, les lignes que je trace tombent sous les yeux de ce prince, pour mieux apprendre à les connaître, qu'il nombre les serviteurs qui ont suivi, et qu'il se fasse représenter ensuite, en s'aidant de l'*Almanach royal*, la liste des absens; il n'aura même pas besoin d'aller chercher ces girouettes nobiliaires dans l'almanach, elles encombrent déjà, depuis un mois, les antichambres de son palais; qu'il les chasse donc comme une peste, car ils ont perdu Charles X, et si Louis-Philippe Ier les écoutait un seul instant, ils le perdraient aussi.

GARDES-DU-CORPS DU ROI.

COMPAGNIE DE NOAILLES.

Contrôle nominatif de MM. les officiers supérieurs, inférieurs, gardes et trompettes de la compagnie, présens à l'embarquement du roi Charles X, à Cherbourg. Ledit contrôle établi sur celui qui a servi au licenciement de la compagnie, à Saint-Lô, le 23 août 1830, et qui a été dressé, à cet effet, par MM. le général baron de Gressot, et baron Weyler de Navas, sous-intendant militaire, chargés de ce licenciement.

COMMANDANT DE LA COMPAGNIE.

M. le maréchal de camp marquis de BONNEVAL, lieutenant-major.

ÉTAT-MAJOR.

MM.

Baron de la Brousse, sous-lieutenant adjudant-major.
De Bonnegens, porte-étendart.
Roaldès, chirurgien-major.
Boircaux, trompette-major.

PREMIER ESCADRON.

MM.

Vicomte Alexandre de Bertier, lieutenant.
Vicomte de Naylies, *idem.*
Marquis de Verdalle, sous-lieutenant.
Comte de Faucigny-Lucinge, *idem.*
De Girard, *idem.*
Cailhe, maréchal-des-logis-chef.
Gardeur-Lebrun, maréchal-des-logis, 1$_{re}$ classe.
Charpin, *idem.*
De Fréminville, *idem.*
Doriac, maréchal-des-logis, 2e. classe.
De Clisson, *idem.*
Lemoine, *idem.*
Huvelin, maréchal-logis-fourrier.
Nègre de Boisboutron, brigadier.
Rudelle, *idem.*
Faulte Dubuisson, *idem.*
Dupuch, *idem.*
Levaillant, *idem.*
Surrel de Montbel, *idem.*
Poulain de Saint-Foix, *idem.*
Huvelin (Hippolyte), *idem.*
Danse, *idem.*
Charvat, garde de 1re classe.
Leflon, *idem.*
Cartier, *idem.*
Ponneau, *idem.*

MM.
Lecourt, *idem.*
De Christol (Isidore), *idem.*
Toutant, *idem.*
Serre de Monjulin, *idem.*
Desroys, *idem.*
Choquart, *idem.*
Dupin, *idem.*
Boisguéret-Lavallière, *idem.*
Torrent (Joseph), *idem.*
Chantelot, *idem.*
Carra Rochemur, *idem.*
De la Taille, *idem.*
Groult, *idem.*
Tréverret, *idem.*
Rullière, *idem.*
Thévenin, *idem.*
De Christol (Charles-Edouard), *idem.*
De Longevialle, *idem.*
De Cauvigny, *idem.*
Delage, *idem.*
Vassault, garde de 2ᵉ classe.
Hérissant, *idem.*
Warconsin, *idem.*
Soubra, *idem.*
Guentz, *idem.*
Lataste, *idem.*
Lametz, *idem.*
Durand, *idem.*
Hellin, *idem.*

MM.
Guérimant, *idem.*
Branchat, *idem.*
Jehl, *idem.*
Perridiez, *idem.*
Minot, *idem.*
De Brunet, *idem.*
Enderlen, *idem.*
Le Banneur, *idem.*
Maëstrati, *idem.*
Petit, *idem.*
Wernert, *idem.*
Saint-Helme, *idem.*
Dulac, *idem.*
Thibault, *idem.*
Bitteroff, *idem.*
Lepappe, *idem.*
Legrand (Constant), *idem.*
Raclot, garde, 3e classe.
Anne (Théodore), *idem.*
D'Achon, *idem.*
Rouillé, *idem.*
Perrin, *idem.*
Lesage, *idem.*
Jannot, *idem.*
Lechevalier Manneville, *idem.*
Douhet de Joux (Marie), *idem.*
Lacroix, *idem.*
Chotard, *idem.*
Cesvet, *idem.*

MM.

Binet de Sainte-Preuve, *idem.*
Audouin, *idem.*
De Valmalle, *idem.*
Estienne, *id.*
De la Hamayde, *id.*
De Latour-Randon, *id.*
De Lapelin, *id.*
De Lacelle, *id.*
Séroux, *id.*
Odoard-Duhazé (Alfred-Léonce), *id.*
Souham, *id.*
Nicolas, *id.*
Veillet, *id.*
Albert, *id.*
D'Utruy, *id.*
Eimar de Palaminy, *id.*
Bélot, *id.*
Desmaroux, *id.*
Fournier, *id.*
De Mascureau, *id.*
Fréchard, *id.*
Robert Chevanne, *id.*
De Jouvancourt, *id.*
De Lénoncourt, *id.*
De Cacqueray (Armand), *id.*
Guays, *id.*
Pigeonneau, *id.*
Klopstein, *id.*
De Girard, *id.*

MM.

De Laborde, *id.*
Richer, *id.*
Margueron, *id.*
Reubell, *id.*
De Montesquiou, *id.*
Schantz, trompette.
Keyen, *id.*

DEUXIÈME ESCADRON.

Le comte de Champagne-Bouzey, lieutenant.
Comte d'Agoult, *id.*
De Chevannes, sous-lieutenant.
D'Astier, *id.*
Vicomte de Roussy, *id.*
Bizot, maréchal-des-logis, 1re classe.
Lemoine de Boisgauthier, *id.*
Rességuier, maréchal-des-logis, 2e classe.
D'Hérisson, *id.*
Thévenot, maréchal-logis-fourrier.
Taveau, brigadier.
Barthélemy, *id.*
Boncenne, *id.*
Cacqueray des Hameaux, *id.*
Bouvenot, *id.*
Morgan, *id.*
Chapot, *id.*
Durand-Dupuget, *id.*
Colleret, *id.*

MM.

De Saunhac, garde de 1re classe.
Mustel, *id.*
Dudon, *id.*
Cardonne, *id.*
Lehéran, *id.*
Azaïs, *id.*
Maran, *id.*
Combier, *id.*
Cacqueray-de-Lorme (Adolphe), *id.*
Martel, *id.*
De Goys, *id.*
Bossans, *id.*
Jadin, *id.*
Dijon, *id.*
De Saint-Ours, *id.*
Gruot, *id.*
Duvallon, *id.*
Lesueur, *id.*
Vidal, *id.*
De la Tuollays, *id.*
Noël (Clément), *id.*
Lheure, *id.*
Demissolz, *id.*
Philip, *id.*
Chastan, *id.*
Teillac, *id.*
Girardot, *id.*
Châtelain, *id.*
Boyen, *id.*

MM.

Blanchebarbe, *id*.
Simon, *id*.
Lefèvre, *id*.
Desserey, *id*.
D'Angerville, *id*.
Clerget, *id*.
Renouf, *id*.
Charles, *id*.
Danis, *id*.
De Léaumont, garde, 3e classe.
Grust, *id*.
Relfk, *id*.
Faust, *id*.
Mirleau de Neuville de Belle-Isle, *id*.
Troubat, *id*.
Lamaltée, *id*.
Duclaux d'Eymar, *id*.
Terrière, *id*.
Friol, *id*.
De Nollent, *id*.
Convalette, *id*.
De Montulé, *id*.
De Chavanon, *id*.
Dechy, garde, 3° classe.
Fruchard, *id*.
Dufresne, *id*.
Hamelin, *id*.
Noël Jean-Claude, *id*.
Tissot, *id*.

MM.
Sallée Duquéroy, *id.*
Audebert de Lapinsonie, *id.*
Bougourd, *id.*
Fortamier Jean-Antoine, *id.*
Mingasson, *id.*
Orange, *id.*
Simonin, *id.*
Bertin, *id.*
D'Hallet, *id.*
De Gigord, *id.*
De Ferrabouc, *id.*
Seymour de Constant, *id.*
Théremin, *id.*
Grandsaigne, *id.*
De Nègre (Louis-Georges), *id.*
Cavayé, *id.*
De Sabrit, *id.*
Lebrun (François), *id.*
Thorel, *id.*
Hugonnand, *id.*
De Saint-Marsault, *id.*
De Carbonnières, *id.*
Torrent (Antoine-Claude), *id.*
Lebas Duplessis, *id.*
Lafayolle, *id.*
Lecourbé, *id.*
Bomby, *id.*
Wampers, *id.*
Buissaizon *id.*

MM.

Maure, *id.*
Legrand (Gustave), *id.*
Villermin, *id.*
Moser, *id.*
Moureau, *id.*
Legrue, *id.*
Perrault, *id.*
Lefranc, *id.*
De Corberon, *id.*
De Précorbin, *id.*
De Ligondès,
Colombel, trompette.
Boireaux fils, *id.*

A quoi il faut ajouter :

Dupille, sous-lieutenant*.
Badereau, agrégé.
Odoard-Duhazé (Adolphe), *id.* **

* Cet officier supérieur, nommé en remplacement de M. le comte de Lévis, pair de France, démissionnaire, nous à rejoints à Rambouillet, et, quoique n'ayant pas été reconnu, a constamment marché avec nous.

** Ancien garde de 3ᵉ classe à la compagnie, mis en non-activité sur sa demande en 1828. A la première nouvelle des événemens, il a traversé la Normandie pour se rallier à nous, a rejoint à Rambouillet, et a suivi jusqu'au licenciement.

FIN.

www.ingramcontent.com/pod-product-compliance
Lightning Source LLC
Chambersburg PA
CBHW070250100426
42743CB00011B/2209